稼げる男の見分け方

大川隆法

Ryuho Okawa

富と成功を引き寄せる10の条件

まえがき

長期にわたる景気低迷《ていめい》と、生活保護《せいかつほご》の必要な、ワーキング・プアーの母子家庭《ぼしかてい》が社会問題として表面化してきた。政府は、お金のバラマキで対応する無策《むさく》ぶりだが、庶民《しょみん》の側では、稼《かせ》げる男を早めに見つけて、婚活《こんかつ》に励《はげ》むのも、本能的な防衛術《ぼうえいじゅつ》だろう。

また、既に結婚している者にとっては、配偶者《はいぐうしゃ》への奉仕時間の見切りや将来の自己投資《じことうし》を考える材料になるだろう。あるいは、家庭調和のための時間を、毎日、毎週、どの程度とるべきか、夫婦で話し合うためのヒントが本書にはきらめいている。

稼げる男、もっと端的《たんてき》に言えば、お金で家族に心配をかけない男の条件は、人生の悩みの七、八割を自分自身で解決できる男でもある。

本書は成功する女性のための虎《とら》の巻《まき》であると同時に、男性にとって、自己啓《じこけい》発《はっ》の書ともなるであろう。

二〇一六年　七月二十一日

幸福《こうふく》の科学《かがく》グループ創始者兼総裁《そうししゃけんそうさい》　大川隆法《おおかわりゅうほう》

稼げる男の見分け方

CONTENTS

稼げる男の見分け方

第1章

1 出世する男はこの二タイプだ！

2 賢すぎる男より、少しバカな男を狙え

5 理想的な年収は？

第1章

稼げる男の見分け方

二〇一四年九月十日　説法
東京都・幸福の科学総合本部にて

1

出世する男はこの二タイプだ！

「稼げる女の条件」も「稼げる男の条件」も同じ

今日は、「稼げる男の見分け方」という題を付けてみました。一般向けの題ですが、これを変形すると、いろいろなものに使えます。

例えば、「稼げる支部長の見分け方」と言えば、急に教団内部の話になるかもしれませんし、「稼げるビジネスマンの見分け方」であれば、ＨＳＵ（ハッピー・サイエンス・ユニバーシティ）向けの話にもなるかもしれません。婚活の際にも使えるので、幸福結婚相談所でも使えるテーマかもしれないし、ほかにもいろいろあるかと思います。

できれば、あとで質疑応答の機会もつくりたいと思っていますので、漏れたテーマや特殊事例については、そちらのほうで受けたいと考えています（第2章参照）。

どうしてもニーズがあったら、「稼げる女の見分け方」もやらざるをえないとは思いますが、基本的に、稼げる女は、稼げる男と論点的にはそう大きく変わらないでしょう。そうならなければ稼げないので、たいてい似てくるはずです。

今回は、一般目線も兼ねて述べたいと思います。普通なら、演題は、「稼げる男の条件」になるでしょう。あるいは、「稼げる男」という言い方は下品なので、「出世する男の条件」とか「収入を上げるには」とかいうような題になるのですが、最近、「大学シリーズ」の説法が続いていて（収録当時）、みなさん（聴聞者のこと）、やや〝肩が凝って〟いるような気がするので、たまには少し〝緩い球〟も投げたほうがいいかなと考えた次第です。

これは、独身の女性で、結婚する可能性が残っている方にとっては非常に重要な話かと思うので、聞き逃さないように、よくよく聴いておかないといけないでしょう。箇条書きにして「家宝」として祀《まつ》っておかないといけないかもしれません。折に触れて見ないと、忘れてしまう可能性があると思います。

タイプ①　幹と枝を判断できる男

普遍性のあるところから始めるとしましょう。

とにかく、男も若いうちは、「稼げる男になるか、ならないか」ということは、それほど簡単に分かるものではありません。

ただ、一般的に言うと、だいたい、人間のタイプそのものは大きくは変わりません。それに、いろいろと〝飾り〟が付いたり、〝細かい彫刻〟が入ったりすることはありますが、基本的なタイプ自体は変わらないのです。ですから、タイプの見分け方について注意しなければいけないでしょう。

そして、いろいろなものに通用する考え方として見ると、稼げる男かどうかの見分け方は、「幹と枝を分けるタイプかどうか」ということに、ほぼ尽きてくると思います。最初に言うとしたら、これです。

これについては、年齢にかかわらず関係があり、年を取っていても幹か枝かが分からない人は分からないのですが、若くても分かる人は分かります。

「これは重要な事項であり、幹の部分である。これは枝葉の部分である」ということを瞬時に判断できるタイプの人は、一般的な仕事、あるいは総合職的な仕事で見れば、幹部出世要員と見て間違いないでしょう。

「重要か、重要ではないか」という一瞬の判断で、いろいろと決まることが多いので、そのときに、逆のほうに判断が出るタイプの人、つまり、枝葉のほうが先になり、幹のほうがあとになったりするタイプの人は、一般的には、多くの目によるチェックを受けて、出世することは少ないのです。

大事なところをバシッと見抜いていくというのは、人間としての一つのタイプであり、「そういうタイプだ」と見れば、その人は、だいたい出世していくタイプなのです。その人についていったら、将来、稼げるタイプになることはほぼ間違いがないと思います。

タイプ② 枝葉にこだわるが、突き抜けていく男

ただ、例外はあります。枝葉にやたらとこだわるように見えていても、稼げる男はいるのです。

枝葉のほうに目が行くように見えても稼げるタイプというのは、いわゆる専門職のタイプですが、そのなかでも、突き抜けていくかたちの専門職、すなわち、枝葉であるけれども、それを突き抜けて、普通の人が考えないようなところまでこだわっていくような専門職になると、これまた、それなりに稼げるところはあります。

こういうタイプの人は、オールマイティーな総合職型の出世はしませんが、ややや芸術性を含んでいたり、流行を含んでいたりするような業界では、枝葉のほうに見えても、徹底的にこだわるような人間が成功していくことは多いのです。一般的な仕事全般で言えば、「幹と枝をスパッと見分けて外さないタイプが出世して、収入も上がる」と見て、まず間違いありませんが、専門職タイプの人のなかには、こだわるタイプの人がいるわけです。

例えば、男性のカリスマ美容師は、「あそこまでやらなくてもいいのでは」と思うほど、かっこよくハサミとクシを動かして、二丁拳銃《けんじゅう》風にやるような人もいます。

また、「紅花《べにはな》」という、アメリカにもかなり進出しているレストランでは、鉄板の上でステーキを切るとき、ほかの日本の店ではあまりやりませんが、シェフが、ナイフとフォークを二丁拳銃のように、パッパパッパッとかっこよく操り、アクロバティックなパフォーマンスをして、お客に見せています。アメリカだったら肉料理の店はどこにでもありますから、アメリカ人にとっては肉を食べているというよりも、その包丁さばきを見ているところがあり、まるで忍者が何かしているように見えるようです。

こうしたものは専門職は専門職ですけれども、こだわりにこだわった人は、

POINT

出世する男の2つのタイプ

1

幹と枝を
判断できる

⇓

総合職型

出世

2

枝葉でも
徹底的にこだわる

⇓

専門職型

出世

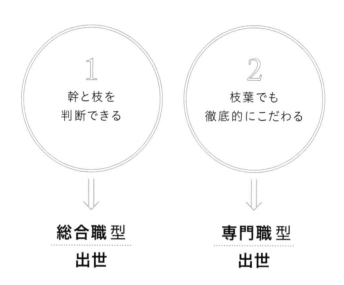

それなりに突き抜けていくところがあります。

もちろん、お酒もそうです。カクテルをつくるのでも、こだわりにこだわった人は、それなりにいってしまうのです。

このように、二つの面があるので、「タイプとして、自分はどちらのほうが御《ぎょ》しやすいか。相性がよいか」を見ながら、見分けていったらよいと思います。

あなたは男の「頑固さ」に耐えられるか

ゼネラルのほうでいく人は、確かに、一般的にはいろいろなところで使えるタイプの人が多いでしょうし、出世にもあまり限度がないところはあります。

一方、専門職の人の場合は、小さな成功でも満足しなければいけないと思います。「人間として、ある程度成功した」というところで満足しなければいけないのですが、場合によっては、かなり大きなところまでいくこともあります。個人技を極めても、いくときもあるのです。

例えば、野球の選手には、年十億円も稼ぐような人もいます。収入は、大統領や首相よりはるかに多いですし、トップレベルの俳優と比べても負けないぐらいのところまでいっています。バット一本、あるいは球一個に賭けてやっても、いくところにはいくので、収入という面だけで見れば、別に、大会社の社長と比べても負けやしないのです。

カルロス・ゴーン氏が、十億円弱の年収（収録当時）

File 1

カルロス・ゴーン

（1954 ～）日産自動車社長兼 CEO（最高経営責任者）。「日産リバイバルプラン」を掲げ、倒産の危機に瀕していた同社をＶ字回復に導く。2013年度の自身の役員報酬が９億9500万円だったことについて、「欧米のライバルの自動車メーカーの社長と比べれば決して高い額ではない」と述べた。

に対して「もらいすぎだ」と批判を受けても、「このくらい当然だ」と開き直っていますが、イチローがバットで十億円ぐらい稼ぎ出しても、みな、そんなに文句は言わないのです。

イチローの打率はほかの選手とそれほど大きく変わるわけではなく、少しだけ高いくらいですが、それでも、その少しの差が、収入面ではものすごい差になるのです。打率が二割五分と三割台とでは、かなり違います。「四打席に一回塁に出るのと、三打席に一回出るのとで、そんなに値段に差がつく」というのは珍しいですが、それでも、ほかに同じぐらいの打率で出られる人があまりいないのであれば、やはり、値打ちが出てくるわけで

File 2

イチロー（鈴木一朗）

（1973～）プロ野球選手。マイアミ・マーリンズ所属。2016年6月15日、ピート・ローズ氏の持つメジャー最多安打記録を日米通算で抜き、4257安打を達成した。

\ check /

『天才打者イチロー 4000本ヒットの秘密』

す。

ですから、収入という意味では、専門職系の人でも高くなる場合がありま す。その場合は、こだわるなら徹底的にこだわっていくタイプです。

その代わり、そういう男は言うことを聞きません。基本的には、頑固で、言うことを聞かないタイプなので、その頑固さに耐えられるかどうかは、よく考えなければいけないと思います。

それぞれのタイプにおける「大将の器」

だいたい、他人《ひと》と同じことをしたいようなタイプの人が、専門職で成功することはあまりなく、うまく使われるのが普通です。専門職で成功するのは、こだわりが強く、「絶対譲らない」というタイプの人なのです。

そういう意味では、専門職的な人は、個人技が多い世界では生きやすいかもしれません。

サッカーで言えば、エースストライカーみたいなもので、ドリブルで抜きながら、ガンガン何十メートルも走っていって、自分だけでゴールに蹴《け》り込むような選手です。一試合にシュートを何本も蹴り込んでいくようなタイプの人は、なかなかのものです。そういうタイプの人は、ほかの世界でもそうですが、スターになりやすいし、多くの人から憧《あこが》れられることもあると思います。

ただ、個人的なやり方をするので、問題点もあります。「個人的にやっても、全体としては勝っている」、あるいは、「人気がある人がいるために、全体としてはうまくいっている」ということであれば、それでももちますが、「その人の個性が強すぎるために、チームの和が乱れて、トータルではマイナスが出る」というのであれば、やはり厳しくなってきます。

そのあたりの問題はあるので、専門職型の人の場合、おそらく人間関係に問題が出ることが多いだろうと思います。

ただ、専門職でも、道を究めていって、ある程度ルールとして人に教えられるところまでいけば、弟子が取れて、それなりに流派ができ、開けていくようなところもあります。専門を究めていくなかに、人間として大器になっていくのであれば、別のかたちで「大将」になっていく人もいることはいるので、そういう見分け方もあるでしょう。

全体的には、「仕事を任せたときに、物事の大小を見抜いていき始め、自分なりにプライオリティー（優先順位）をつけ、大事なところは外さないで確実に押さえてくる」というタイプの人、「いざというときや、どうしても間に合わない場合は、枝葉のほうを切り捨てることができる」というタイプの人が、一応、「大将の器」なので、こういう人を上手に教育していけば、一般的には出世していくはずです。

Column

こういう仕事の仕方をする人は出世しない！

――『不況に打ち克つ仕事法』より

仕事の方法論として、「ABC理論」というものもあります。

仕事をするときには、「とにかく、何から手を付けたらよいかが分からない」ということで、よく悩むものですが、この方法では、まず、自分が持っている仕事に対し、重要度に応じて「A」「B」「C」のランクを付けます。そして、大事なものから順番に行っていくのです。（中略）

忙しすぎるのであれば、仕事を「A」「B」「C」に分けてみて、Cランクから順番に切っていくことが必要です。

要らない仕事から順番に切っていき、Aランクの仕事を残さなくてはならないのに、「Aの仕事をしないで、Cの仕事にかかり切っている」という人は、一般的に、あまり出世しないタイプです。幹と枝の違いが分かっていないのです。

2

賢すぎる男より、少しバカな男を狙え

能力が突出すると、同僚・上司・先輩と必ずぶつかる

「一般的に出世するタイプ」と「専門職的に出世するタイプ」の両方がいますが、どちらも問題としては、「自分と同世代の人や、上の世代で先輩・上司に当たる人との競争が起きてくる」ということがあります。

一般的に、平均的な能力であれば、年功序列でいけるのですが、どちらのタイプであっても能力が突出してくると、必ず同僚や上司や先輩方とのぶつかり

が出てくるのです。

なお、後輩の場合は、競争の圏外に出ている人なら、憧《あこが》れてくるぐらいであって、それほどぶつかるわけではありません。

今朝、試合が終わったところですが、全米オープンテニスで錦織圭《にしこりけい》選手が準優勝しました（収録当日）。彼の師匠はマイケル・チャン氏という中国系のアメリカ人です。テニスプレーヤーとしては体が小さくて身長は百七十五センチぐらいですが、孫悟空のように跳んだり跳ねたりしながらテニスをする方でした。チャン氏もチャンピオンになったことがあり、錦織選手は、その人について教わっているそうです。

File 3

錦織圭（写真左）

（1989 ～）プロテニス選手。

マイケル・チャン（写真右）

（1972 ～）アメリカの元プロテニス選手。1989年、全仏オープンで初優勝し、最年少優勝記録（17歳3カ月）を樹立した。

錦織選手は、同じことを何回もするのはあまり好きではないタイプのようで、チャン氏は、同じことを何回も何回も繰り返し、しつこく練習させているそうです。同じことをするのを嫌がるタイプには天才肌が多いのですが、繰り返し同じことができるように、うまく躾《しつ》けているようではあります。

このように、自分が導けるような人との出会いがうまくいけば、成功することもあるでしょう。チャン氏のように、現役を去った人でも、ある程度実績がある人なら、指導はできます。現役を去っている以上、体力的には落ちているので、実際にプレーヤーとして、そんなにできるわけではないかもしれませんが、何らかのコツをつかんで教えるところまでいけば、後進の人を導くこともできるのです。

そういう意味で、先輩・後輩の関係、上司との関係のところでは、どちらのタイプもつまずいてくる面はあるだろうと思います。

ゼネラル的なかたちで出世していくタイプの人は、本領発揮できる立場に辿《たど》りつく前に、足をすくわれたり、脇腹《わきばら》を刺されたりしないように、気をつけなければいけない面はどうしてもあるでしょう。

賢すぎる男の問題点

一般的には、稼げる男には賢い人が多いと思いますが、あまりに賢すぎるのは問題です。

どういうことかというと、賢すぎる人は完璧を目指すのですが、そうすると、失敗するところが見えてくるというか、「ここでチョンボするだろう」というところが見えてくるのです。そして、自分の仕事に傷が付くというか、手柄に傷が付くので、「失敗するだろう」と見えるところは、あらかじめ避けるようになります。賢すぎる人の場合、そういう傾向が出るのです。

仕事という意味で成功していく上では、リスクを避けることは大事です。登山家のような人は、リスクを冒《おか》さなければいけないでしょうが、リスクを冒すことばかり求め、リスクに次ぐリスクというのでは、やはり、企業は安定しませんし、仕事も安定しません。リスクをある程度ミニマイズ（最小化）していく努力は必要だと思います。リスクを少なくして、できるだけ成功の確率が高い道を選ぶことが大事です。

しかし、賢すぎると、ミスを一つもしないようにしようとし始めます。要するに、「百点男」を目指すと、ミスを必ず避けるようになるのです。そして、ミスすることを事前に必ず避ける傾向が出始めると、今度は発展が止まるところがあるのです。周りから見てみると、勇気がないように見えたり、臆病《おくびょう》に見えたり、卑怯《ひきょう》に見えたりするところがあると思います。

もちろん、リスクテイキングなところが強く出すぎてもいけません。そればかりやっているようでは、ついていくには危険というか、事業として大きくするのは危険すぎるところがあるのですが、やはり、ここ一番のときには、ある程度、リスクを取るだけの「踏ん張り」と「勇気」は要るでしょうし、「大胆さ」も要ると思います。

その意味では、少しバカなところがないといけません。賢すぎたら駄目で、少しバカなところが要るのです。

歴史上の偉人に見る「大器の条件」

お金儲《もう》けには成功していませんが、歴史上の偉人もみな、少しだけバカなところがあると思います。賢いことは賢いのですが、損得勘定で言ったら、バカなところはどうしてもあるのです。

◆出世を捨て、「出エジプト」をなしたモーセ

Moses

モーセ
古代イスラエル民族の宗教的・政治的指導者。

お金が儲かったわけではないので、今回のテーマには合わないのですが、例えば、宗教家で言えば、モーセもそうです。ユダヤ人の子供だったのですが、葦舟《あしぶね》で川に流されたところを王女に拾われ、王宮で育てられます。教育も受けて、王宮の人間として育つことができたのですが、「実は、自分は、奴隷として酷使されている人たちと同じ血が流れているユダヤ人だ」ということが分かって、彼らを解放するために立ち上がり、「出エジプト」をなすわけです。

モーセは、王になる人と兄弟なのですから、エジプトで十分に出世できる立場にありました。ところが、真実を知ったときに目覚めて立ち上がり、あえて反乱に当たるようなこともしているわけで、金儲けや出世という意味で見たら、「それを捨てた」ということになります。「反乱軍のほうに加わる」という、損になることをしたわけです。

◆牢《ろう》から逃げず、毒杯を仰いだソクラテス

Socrates

ソクラテス
(紀元前470頃~同399)古代ギリシャの哲学者。

同じくお金儲けには全然関係ありませんが、ソクラテスもそうです。

御託宣では、「アテネ一、ギリシャ一、世界一賢い」ということになってい

ますが、どこかバカなところは残っています。「賢い人なのに、最後はなぜあんなにバカなのだろう」と思えるようなところは、どうしても残っています。

みなが牢屋《ろうや》から逃がしてやろうとしているのに、ソクラテスは逃げなかったのです。賢い奥さんは、「このバカおやじはどうにかならないのか」と、本当に思ったことでしょう。

「祭りがあるため、一カ月ぐらい刑の執行が延期される」ということで、牢番も手抜きをして逃げられるようにしたり、弟子が一生懸命に差し入れをしたり、手引きをして逃げられるようにして、みなが逃がしてやろうとしているのに、ソクラテスは逃げずに粘り、毒杯を仰いで死ぬのです。この世的に見たら、どうしても「バカ」が付きます。

一カ月も猶予があれば、普通の人は逃げるでしょう。みな、逃がそうとしてくれているのに、逃げないバカはいません。逃げてこそ、また再帰するチャンスもあるのです。あるいは、シラを切って、「私が間違っていました」と言って、逃げる人もいるかもしれません。
しかし、ソクラテスは、自分の主義を曲げずに、死んでいきました。ある意味ではバカです。賢いのにバカなところが残るわけです。

◆自らの死を予言し、そのとおり十字架に架かったイエス

Jesus Christ

イエス
(紀元前4〜紀元29)信仰と愛の教えを説いた宗教家。

イエスもそうです。バカではなく、賢い人だと思いますが、イエスは、最後、「十字架に架かって死ぬ」ということを予言します。弟子が「先生、それなら、やめてください」と言うのに、「いや、予言が成就されんがために、エルサレムに入らなければいけない」と言って、わざわざロバに乗って、（『旧約聖書』に）予言されているように演出しながらエルサレムに入っていき、そして、十字架に架かるわけです。

もう、バカといえば、究極のバカに近いのですが、その後の二千年の影響力を見れば、「バカに見えるけれども、実は賢かった」というところが、やはり出てきています。

◆一国の王子の地位を捨て、出家した仏陀

Buddha

仏陀（ゴータマ・シッダールタ）
（紀元前500頃）仏教の開祖。

仏陀も同じです。大国ではありませんが、釈迦国《しゃかこく》の王子として生まれ、「蝶《ちょう》

よ、花よ」という感じで育てられた重要な跡継ぎだったわけです。

「結婚もし、子供もでき、頭もよく、武力も優れていた」と言われているので、「期待されていたのに、その地位を捨てて出家し、◆沙門《しゃもん》として、六年も山林修行をする」というのは、やはり、バカとしか言いようがないところはあります。

当時の人は、そう思ったに違いありません。実際、釈尊は、出家してからのち、「なぜ身分を捨てて、そんなことをするのか」と、ずいぶん言われていています。

大成したあとであれば、振り返って、「まあ、そうでしょうね」と言われることはあっても、大成する前は、やはり、「バカだ」と言われる面はあっただろうと思います。

◆ **沙門**　生まれつきの僧侶階級であるバラモンではなく、クシャトリアなどの武士階級から出家した自由修行者のこと。

最終的に自己実現をなす人とは？

彼らは、この世的に、決して賢くないわけではありません。みな賢いのですが、どこかバカなところがあるのです。これは、経済的な成功とは関係のない部分ですが、「大器の条件」として挙げられるものです。

会社の経営者でも政治家でも事業家でも軍人でも、ほかのものでも結構ですが、「賢いけれども、どこかバカなところがある人」が、最終的には自己実現をなすことが多いと思います。上がっていく段階で、バカなところや、ちょっと抜けたところがあると、それが独特の人間的な大きさをつくっていくのです。

人間は必ずしも完璧な人に惹《ひ》かれるわけではありません。優れているけれども、どこか抜けていたり、バカなところがあったり、失敗したり挫折《ざせつ》したりするような、そういう人間味がある人に惹かれるところがあるので、完璧な賢さのようなものを求めてはいけないところがあります。

逆に言えば、本道で出世している人であっても、「あえてバカを演じなさい」とは言いませんが、「一途なところ」とか、「本来ならばブレたり妥協したりするようなところで、そうしないで、やっていくようなところ」とか、そういうバカなところがあったほうがよいのです。そこには人を惹きつける面があるので、最終的な成功・失敗は別にして、先ほど述べた偉人たちのように、大成するところまでいく人もいるのです。

こういう男が狙い目！

女性が「稼げる男」を見分ける場合、あまりに賢すぎる男は、敵が早く出てきすぎて、けっこう大成しない場合もあるので、「賢いけれども、ちょっと、足りないような、欠けているような、バカなようなタイプ」、つまり、「母性本能をくすぐられるような抜け方が少しあるようなタイプ」あたりが狙いどころだと思います。

完璧に賢い男は、狙っても自滅することがあるし、狙っても無駄になることもあります。両方あるので厳しいと思います。

やはり、ある程度賢いけれども、少し抜けていて隙《すき》があり、その隙が単なる失敗になるのではなく、その人の人間的魅力になっているようなあたりの男を狙うのがよいと思います。

一方、専門職タイプのほうを狙うなら、相手はおそらく頑固者だと推定しますが、頑固者なりにパターンがあるので、「そのパターンを理解できるというか、受け入れられるかどうか」というところは、よく見なければいけないでしょう。

専門職で突き抜けていく人の場合、その頑固のパターンは、必ずと言ってよいほど、絶対に説得不可能なぐらいのものだろうと思います。ですから、あきれると思いますが、「それを受け入れられるかどうか」ということと、「この人は、どの程度成功するか」ということが見えなければいけないでしょう。こういうことが一つあると思います。

Column

〝隙のない人〟が「愛される人」になるには

――『人生の迷いに対処する法』より

やはり、隙のない男性も、隙のない女性も、ある意味で、〝完璧ではない〟のです。完全無敵で、完全武装しているのが「本当の完璧」と思いがちですが、そうではありません。「本当の完成した美」というのは、少し欠けているものがあるのです。（中略）

あまりに秀才すぎる場合には、適度に抜けているところがあるほうが、また、かわいげがあってよろしいところがあり、「まったく抜けがない。すべてにおいて完璧」などという人は、あまり愛されません。なぜなら、人間はコンピュータではないからです。

もちろん、これは、仕事でミスをすることを勧めているわけではありませんし、大事なところではミスをしないことが信用のもとではありますけれども、「いろいろなところで、ちょっと抜けたり、ミスをしたり、忘れたりするようなところがある人のほうがかわいげがあるので、愛されることが多い」ということは知っておいたほうがよいでしょう。

完璧を目指したいところではありますが、女性であっても、完璧な美人というのは、冷たくて、近寄れないところが多いので、少しだけ隙を開けておかないと、永遠に〝アリさん〟が寄りつかないこともありえます。したがって、そのへんについては、適度な変化を楽しませる必要はあると思うのです。

「あ、この人には、こんな欠点があったのか」というようなところで、ホッとすることがあるので、そういうところを見せたほうがよいかと思います。「まったく欠点のない人には、人は、そんなに惹《ひ》かれない」ということも、知っておいたほうがよいでしょう。

要するに、「それだけの心の余裕がある。あるいは、マイナスが入っても合格点が取れるだけ、実力に余裕がある」ということです。

「いっぱいいっぱいやらないと合格点が取れない」というのは、やはり、問題があるのではないでしょうか。

3 稼げる男を狙うときの注意点

稼げる男は男性からも嫉妬を受ける

お金に関係することとして、「稼げる男」というのでは、やはり、人気が出る男は稼ぎやすいとは思いますが、別な意味では、人間関係で難しいものがいろいろと出てくると思います。

男性からの嫉妬もかわさなければいけないし、男女の関係でも、いろいろな嫉妬の砲弾をかいくぐらなければいけない部分があるので、このあたりには、なかなか難しいところがあるでしょう。

「実力の世界」という意味では、相撲《すもう》取りの世界は露骨です。「ダーッと強くなって勝っていったら、二十歳でも横綱になるし、しかも、横綱になったら、先輩として稽古をつけて偉そうに言っていた人たちが逆の立場になって、太刀《たち》持ちをしたり、背中を流したりするようになる」という、はっきりした世界です。

サラリーマン世界で、そこまでいくことはめったにありません。めったにそこまで引っ繰り返りませんが、スポーツの世界にはあるし、芸能界にも当然あると思います。歌手にも俳優にもあると思うし、ビジネスでも、ニュービジネスのようなものになると、あれよあれよという間に大きくなるものもあります。

「こちらのほうがずっと大きい」と思っていたら、抜かれることもあるので、そういうときは、（その抜かれたほうの）男性から嫉妬を受けることもあるのです。

Column

男性から嫉妬される男は出世できない

――『素顔の大川隆法』より

経営には、難しい点があり、昔から、新入社員でもそうですが、「二枚目だ」とか「男前だ」とか「美男だ」とか言われたら、まず出世しないという伝説があります。嫉妬されるというわけですね。男から嫉妬されると、だいたい出世しません。

ファッショナブルな社員は、テレビ全盛の時代などにはすごくよかったんです。会社の広告塔みたいな感じで、対外的にはおそらくいいのでしょう。

しかし、普通の会社生活で、毎日の仕事をしているときは、やっぱり人の目を刺激しますから、嫉妬する人も出てきますし、気になって落ち着いて仕事ができない人もいます。あるいは、「女性にモテるんじゃないか」と思って、ちょっと突《つっ》いてくる上司もいるかもしれません。

そういう意味で、ファッションセンスがよくて、見目麗《みめうるわ》しい男性に変身したからといって、経営もうまくいくとは、必ずしも限らないところはありますね。(中略)

実は、ルックスがいい人ではないタイプのほうが、だんだん出世してくることが、わりに多いんですよ。

なぜかと言うと、その地味さのなかにコツコツと努力ができる部分もあり、人にあまりマークされないということも大事なんです。サッカー選手だって、あまりマークされすぎたら、シュートを打てませんね。ラグビー選手でも駄目です。

本当にできすぎて、完全にマークされると、仕事ができなくなることもあります。ですから、私も会社時代、先輩方を見ていると、割合仕事がよくできる方は、けっこうキラキラ光っているように見えながらも、ちょっと抜けているところをつくるように努力している人が多かったんです。

「ああ、これはもうどうしようもない、敵《かな》いそうもないエリートだなあ」と見えても、ちょっと欠点があるところを、いつもわざと見せる人がいましたね。

競争率が高く、敗れる可能性が高い

稼げる男の場合、やはり、倍率が高くなってくるので、女性としては極めて難しくなってきます。「この人は稼げる男だ」ということが見えたら、女性が群がってくるのは当たり前であり、非常に熾烈《しれつ》な戦いというか、血を見るような戦いが出てくるのは、ほぼ間違いないでしょう。このあたりは難しいところかと思います。

最近、「喰女《クイメ》」という恐ろしい映画が公開されました（収録当時）。美人女優の柴咲《しばさき》コウさんが、四谷《よつや》怪談のお岩さんになっていくのは、それなりに怖いものがありました。（主演男優の）市川海老蔵《いちかわえびぞう》さんのような男と結婚したら、つなぎとめておくのはなかなか大変でしょう。「男のほうは、隙《すき》を見てはいろいろとしたいし、出世もしたいし、ほかにいい女もいるかもしれない」ということで、海老蔵さんのような男をつなぎとめるのは、そんなに簡単ではないのです。

映画の最後には、「お岩さんに首を食いちぎられる」という凄惨《せいさん》なシーンが出てきます。まあ、「柴咲コウさんに首を食いちぎられるんだったら構わない」という男性もいるかもしれません（会場笑）。それはそれで、「以《もっ》て瞑《めい》すべし」なので、もう諦《あきら》めて、「ぜひ食べられたい。噛《か》みついてほしい」というなら、それでもいいとは思いますが。

なぜ、そういう最後になるかというと、海老蔵さん演じる浪人の武士（伊《い》右《え》衛門《もん》）は、お岩と結婚して子供も

映画
「喰女―クイメ―」
（2014年公開）

市川海老蔵

柴咲コウ

いるのに、別のところから、縁談と仕官の話がきます。婿として入って家督を継ぎ、仕官しないかというわけです。そして、縁談を申し込んだほうは、夫婦を別れさせようとします。お岩を騙《だま》して南蛮渡りの薬を飲ませ、お岩の顔を醜くしようとするのです。「男は醜いものには耐えられないので、お岩を醜くすれば、気持ちが離れるだろう。そして、自分の家に婿として入れ、家督を継がせよう」と、仕組んでくる人がいて、それで悲劇が起きるわけです。

「最後、首を食いちぎられるぐらいだったら、最初から縁談と士官の話は諦めるか」という判断もあろうかと思いますが、結末を見抜けないことが多いので、やはり、欲につられます。「出世する」「収入が上がる」「モテる」など、いろいろとあったら、引っ張られるところはあるでしょう。

この「四谷怪談」のお岩さんというのは、基本的には原型なので、こうしたパターンは姿を変えて必ず現れてきます。

別に私は、海老蔵型のいい男に嫉妬しているわけではないのですが（笑）、「稼げる男」といっても、こういう男の場合は、それなりに難しいものがあることは知っておかなければいけないということです。

「一定の収入さえ入れてくれれば、文句はない」というように割り切れば、いけるかもしれません。「二枚目だったら、夜帰ってこないこともあるだろう」と割り切っている方だったら、それでもいけるかもしれません。ところが、夜帰ってこないと、髪の毛をかきむしるなど、いろいろとし始めると、やはり怖くなってきます。

まあ、これ以上言ったらいけないでしょう。映画を観てみたい人もいるかもしれないので。ただ、観なくてもいい映画です。話だけ聞いたら十分です。夜、寝られなくなる人が出てくるでしょうから、観なくてもよいのです。

ということで、稼げる男には、蜜《みつ》にたかる蜂《はち》のように、女性が寄ってくるところもあるので、それなりに難しいところはあります。

ですから、どちらかというと、それほどすぐに稼げるとは思えない、二枚目俳優ではないようなタイプで、少し下積みがあって、苦労しながらだんだん実力をつけていき、あとから出世していくようなタイプが狙い目だと思います。どちらかといえば、そちらのほうが堅実なのです。

最初から、二枚目のトップ俳優風の男を狙った場合は、やや競争がきつすぎるので、傷つく可能性がかなり高いと思います。ですから、女性のほうは、敗れる可能性が高いということを覚悟したほうがよいでしょう。

しかし、下積みがあって、だんだん味が出てきて、あとになってきたら認められてくるタイプで、結婚したあと、出世等は巡航速度を守って、だんだんいってくれるようなタイプなら、ついていけるということはあるだろうと思います。大きな成功には、それなりに代償が伴うので、難しいところはあるのではないでしょうか。

男が会社を辞めて独立しても、ついていけるか

男同士の嫉妬もあり、社内の嫉妬が激しくなって、上の人からあまりに嫉妬されると、そういう能力のある人は、自分の能力を隠せる場合は隠しますが、隠し切れない場合は、たいてい、独立するというかたちになります。独立して会社を立てることが多いのですが、このときは、もう一つの試練ではあります。

大きな百年企業のようなところで出世街道に乗っていても、「独立したら成功するかどうか」というと、話は別です。かたちができているもののなかでは出世できる人でも、独立して自分でつくるとなったら、少し荒々しい経験に耐

えなければいけないので、「そこで成功できるかどうか」ということは別の問題としてあるのです。

日下公人《くさかきみんど》さんが、昔、本に書いていたと思いますが、戦後間もない頃は、「会社に定年まで勤めて、出世する」というのはあまりかっこいいものではなく、特に、関西系の人はそう考えていたようです。

例えば、日下さんが、三井物産のような有名な会社に、「就職しようかな」と言ったら、伯母さんから「いつ辞めるんだい？」と訊《き》かれたというようなことが書いてありました。

「何年か勤めたら、辞めて独立するのが普通だろう。まさか、一生お仕えするつもりではないだろうね？ そ

日下公人

（1930～）評論家。日本財団特別顧問。時事的な問題に対する鋭い判断は定評がある。著書に『こうして、2016年、「日本の時代」が本格的に始まった！』（ワック）など多数。

＼check／

『日下公人の スピリチュアル・メッセージ』

んなのは男じゃない。仕事を覚えたら独立するのは当たり前だ」というわけです。

今は、大会社でも、歯車の一つになっていることが多いので、五年ほど勤めて仕事を覚えたぐらいで独立しても、ゼネラルに会社経営できるところまではなかなかいかないのではないでしょうか。今は、そんなに簡単ではなく、難しいと思います。みな、一つの仕事を張りつけでやらされているので、独立してスッとうまくいくとは思えません。もともと、そういう気質を持った人だったら、可能性はあるかもしれませんが、それなりに難しいでしょう。

そういう意味で、上と合わなくなってくると、スピンアウトして独立するかたちになりますが、ここでまた、「ついていけるかどうか」という問題が出てきます。ですから、女性の場合は、「この人は、独立型の人だ」と思ったら、その男についていけるかどうかまで計算に入れるべきだと思います。

「大会社に勤めているから結婚する」という場合、夫が会社を辞めるときには、必ずひと波乱が起きるので、「そういう場合でも、ついていけるかどうか」を計算した上で、「そういう不安定感には耐えられない」というのであれば、避けたほうがよいでしょう。「大会社に定年まで勤めて、部長まで出世できればいい」と思っているような人のところに嫁に行くことで、諦めたほうがよいのです。

「自分の会社の社長になるのでも満足がいかない」というぐらいの人は、必ずステップアウトするので、そうした波乱が必ず来ると思います。ですから、そのあたりは、計算したほうがよいのではないかと思います。

逆境をくぐり本物になっていく男と釣り合う女性は?

人生というものは、すべてが順調にいくということは、めったにありません。やはり、回り道をすることも、逆境をくぐることもあって、たいていの場合は、そういうものを幾つかくぐらないと本物にはなってこないのです。

首相になったような人でもそうです。戦後の首相であれば、例えば、池《いけ》田《だ》勇《はや》人《と》は、所得倍増論を掲げて高度成長の牽《けん》引《いん》者になった部分があり、実績としてはそこそこあるほうだと思いますが、若い頃、病気になっています。

役所時代に五年ぐらい、全身に水ぶくれができ、醜い膿《うみ》が出るような病気になって、出世が非常に遅れまし

File 5

池田勇人

（1899～1965）第58・59・60代内閣総理大臣。1961年度からの10年間で国民所得を2倍にすると宣言し、現実にはそれ以上の経済成長を成し遂げた。（写真；首相官邸ホームページ）

\check/

『新・高度成長戦略―公開霊言　池田勇人・下村治・高橋亀吉・佐藤栄作―』

た。そのため、「まさか、あの人が次官になって、そのあと、総理になるとは……」と驚かれたようです。彼がそこまで出世すると思っていた人は、ほとんどいなかったと言われています。

そのように、病気か何かをして遅れを取るような場合もありますし、それ以外にも、さまざまな事故や、思いがけない何かに引っ掛かって、刑務所入りするような場合もあります。政治家や官僚等でもそうです。巣鴨プリズン◆をくぐって総理になった人もいるので、このあたりは難しいところがあります。

こういう人に釣り合った女性ということになると、やはり、「耐える力」が大事です。『忍耐の法』のマスコット人

忍ちゃん

『忍耐の法』発刊にちなんだマスコットキャラクターの忍ちゃん。

『忍耐の法』

◆**巣鴨プリズン**　戦後、戦争犯罪人として逮捕された政治家・軍人が収容された場所。

形の忍《しのぶ》ちゃんをしっかり抱きしめて生きていかないといけないでしょう（笑）。

耐える時期は必ず来るものですが、見る目が短いと、耐えられないことがあります。

「ほかの人が自分を見たときに、『ああ、順調にいっていますね』と言ってくれるような状態でなければ、いられない」という程度の胆力であれば、駄目なことはあるだろうと思うので、そういうことにも気をつけたほうがよいと思います。

POINT

稼げる男を狙うなら

1. 嫉妬の砲弾をかいくぐれるか
2. 傷つく覚悟があるか
3. 男が独立してもついていけるか
4. 男が逆境にあっても耐えられるか

4 稼げる男をマインド面から見分けよ

基本的にまじめか

もちろん、稼げる男の見分け方として、「精神的な態度」という観点もあります。

基本中の基本の精神的な態度としては、やはり、まじめであることです。外側は、若干、面白かったり、抜けていたりと、いろいろしていても構わないのですが、中身は、基本的にはまじめでないと、上まで上がらないと思います。

少しは脱線したり、失敗したり、おふざけしたり、夜遊びがあったりと、いろいろあってもよいでしょうが、本質的にはまじめでないと、人はついてきません。

ドラッカーは、リーダーの条件として、「真摯《しんし》であること」を挙げていますが、仕事に対して真剣で、まじめに打ち込む姿勢がない人は、なかなか稼げるようにはならないので、やはり、そこは大事だと思うのです。

少なくとも八十パーセントぐらいは、まじめでないといけないのではないでしょうか。二十パーセントぐらいは、遊びの部分として、ほかのものがあってもよいかと思いますが、八十パーセントぐらいはまじめでないと、人はついてこないのです。

File 6

ピーター・F・ドラッカー

（1909～2005）アメリカの経営学者。『現代の経営』などの数多くの著作は、世界の企業経営者に大きな影響を与え、その業績から、「マネジメントの父」と称される。

\ check /

『ドラッカー霊言による「国家と経営」』

根気よく努力する姿勢があるか

さらに、まじめなだけでは駄目で、まじめに加えて、「根気よく努力する姿勢」が必要です。「努力しない人間は、基本的には消えていく」というのが、世の常というか、当然のことなのです。

特に日本社会では、比較的早いうちに選別が終わることも多いのですが、「その後も、堅実に努力を続けていけるかどうか」ということは大きいのです。

早いうちに、出来上がってしまったり、うぬぼれてしまったりすると、その後、伸びません。

あるいは、すでに「伸びしろ」がない人もいます。もう終わってしまっているという感じでしょうか。大学に入ったときや、大学を出るときに、だいたい終わっている人もいて、「あとは、その余力でもって〝エスカレーター〟に乗りたい」というタイプの人もいるのですが、それだけでは通用しない時代にすでに入っています。

デフレ時代に入っているため、「じっとしていたら、会社が大きくなって、給料も上がり、出世する」というのは、やや無理な時代なのです。

大きな目標を立てすぎると、失敗することがある

私にも会社に勤めていた時代があり、その頃、こんなことがありました。ドラッカーが「目標管理」とよく言っていたので、会社では、一応、来年度の計画や三カ年計画、五カ年計画などを立てていたのですが、たいてい失敗していました。自分たちの思うようにはならなくて、必ず外れるのです。

最後にはどうなるかというと、国が予想しているＧＤＰ（国内総生産）、当時はＧＮＰ（国民総生産）と言っていましたが、その成長率と会社の目標とを一致させるのです。

そうすると、それほど大きく外れません。国が「来年度は三パーセント成長を目指す」と言っているなら、三パーセント成長で計画して上に上げておけば、クビが失われることはめったにないわけです。ただ、今のように、成長率がゼロパーセントにかなり近づいてくると、計画を立てて目標管理するというのは、そう簡単ではないと思います。

そのため、大きく失敗したくない人は、国からマクロの成長計画が出ると、それに合わせて目標をつくっていました。私が会社に勤めていた頃、すでにそうなっていたのです。

大きな目標を立てすぎて、エースだったような人が敗れていくということも、けっこうあります。やはり、一応、責任を取らされるからです。

国全体が二パーセント成長ぐらいで、会社もそのくらいしか成長しないのに、本人としては、「五パーセント成長」あるいは「それ以上の成長」という目標を立てて三カ年計画などをやり、達成しなかったら、どうなるでしょうか。会社というのはけじめをつけるところなので、その責任のトップである人は、どのようなエリートであっても、一応、降格や左遷、あるいは転出、辞職等の何かの処分を必ず受けることになるわけです。

ただ、そういうことが続くと、民間企業であっても、役所のようになってくるところはあり、できるだけ、政府が発表する経済成長の見通しのようなものに合わせて計画をつくるようになっていきます。

こうなってくると、あまりよろしくありません。みなが失点しないことを考えるようになってくると、あまりよろしくないのです。

低成長時代に一人勝ちするのは難しい

ユニクロ（ファーストリテイリング）の社長は、デフレにもかかわらず、「成長戦略で何倍にする」と一生懸命に言っています。

達成するかどうかは分かりませんが、そこは社長が一代でつくった会社なので、達成しなかったら最後、自分が辞めればよいわけです。ですから、どうでもよいのだろうとは思いますが、あとのことは考えていないのかもしれません。

売上高一兆円ぐらいの企業が、五兆円を目指すという

柳井正

（1949 ～）ファーストリテイリング代表取締役会長兼社長。2009年９月に、「2020年に売上高５兆円」という目標を打ち出した。

＼check／

『柳井正社長の守護霊インタビュー
ユニクロ成功の霊的秘密と世界戦略』

ことですが、ライバルが多数いるなか、そんなに簡単にはいかないでしょう。目茶苦茶に強くて、ライバルをなぎ倒していける力がないと、そう簡単にはいくものではありません。

どうなるかは分かりません。あるいは、「五兆円を目指して、三兆円までいけばよい」と思っているのかもしれません。そのあたりは分かりませんが、「逆算の経営」というのは、できるようで、なかなか簡単にはできないのです。

なぜかというと、マクロの要因として、ほかのものがたくさん入ってくることがあるからです。政治要因や外国要因、あるいはカントリーリスクや戦争など、いろいろなものが入ってくるので、うまくいかないことはよくあるのです。

ユニクロは、逆算の経営をやっています。確かに、「最終的に、この目標を達成する。例えば、売上高五兆円を何年で達成する」と決めたら、そこから逆算して、「これだけの人を雇い、これだけの店舗を出し、それぞれのところにノルマをこれだけかける」という計画が立つでしょうが、それが思うようにいくなら、大したものだと思います。

一般的には、投資が先行するかたちになるので、赤字が出て、倒産要因になるのが普通です。そのあたりについて、どのようにやっていくのかは知りませんが、「今のような低成長時代に一人勝ちするのは、そんなに簡単なことではないのだ」ということは知っておいたほうがよいでしょう。

個人プレーもチームプレーもできる人は、重宝される

とりあえず、「稼げる男の場合は、精神性として、基本的にはまじめで、根気のある努力を続けていけるタイプである。それが基本だ」ということは知っておいたほうがよいと思います。

そういうタイプでないと、仕事は続いていかないし、周りの人もついてきません。博打《ばくち》の連続というのでは、たまらないところがあるので、やはり、自らコツコツと積み上げていくところは要るのではないかと思います。

それから、言っておかなければならないこととして、次のようなこともあります。それは、先ほど挙げたサッカー選手の譬《たと》えと非常に関係があります。

つまり、できる男のなかには、自分でシュートするタイプの「単独エリート型」というか、個人プレーで勝利に導くタイプの「エース」もいますが、いわゆる、アシストして得点を稼ぐタイプの人もいます。まっすぐにシュートしたら止められるので、「いいところにパスを出して、それをシュートさせる」というアシストをする人もいるのです。

このように、会社的な組織での仕事では、「直接シュートする人」と「アシストしてシュートを決めさせる人」との両方が〝得点〟になります。

ですから、「個人としての力量で、得点をあげられるところ」と「チームプレーとしてのアシストで、得点をあげられるところ」との両方の合計が、やはり関係あると思います。

単独では最後までなかなかいけないところがあるので、自分がシュートするときもあるけれども、あるいは、「シュートできるかな」と思ったけれども、「彼にシュートさせたほうがより入りやすい。確率が高い」と見たら、短いパスを送って、その人にシュートさせることも大事です。

一見、他人《ひと》の手柄になるように見えますが、やはり、チームとして勝つことが大事なので、「自分でも決められるが、アシストもできる」というタイプになると、やや重宝されるようになってきます。

そういう意味で、「個人プレーでも実績をあげられるが、チームプレーもできる」という人は強いのです。

「いざというときは、自分はアシストに回り、手柄、華《はな》の部分は人に譲ってでも得点を入れる」ということができる人は、偉いと思うし、そのへんの切り替えがきちんとできる人は、そうとうだと思います。

アシスト中心のタイプでも、そこそこ出世する

もちろん、なかには、「自分は、花形スターではないために、単独では点を入れられない」というように見切っている人もいると思いますが、その場合は、アシストが中心になるでしょう。

「アシストの、さらにアシスト」ということもあって、そうなる人もいるかもしれませんが、とにかく、チームとしての総合力を上げるために努力する人もいるでしょう。これは、かなり、縁の下の力持ち型になると思います。長く

貢献していると、次第しだいに認められていって、上がっていくタイプです。

このように、組織のなかの仕事で、自分はエースにならないかもしれないけれども、アシストしているうちに、だんだん、周りの人から感謝されて、次第しだいに地位が上がっていくというタイプの人はいます。

アシストしていたつもりが、気がつけば、いつの間にかコーディネーター（調整役）になっていて、みなを上手にコーディネートして戦力を使い、総合力を発揮するようなタイプになっていることもあります。

スポーツで言えば、選手としてはイマイチだったかもしれないが、監督になったら成功するようなタイプの人で、そういう人はわりに多くいます。

要するに、下積みの人たちの気持ちがよく分かるということです。スター選手のプライドも分かるが、そうではない人たちの気持ちもよく分かり、「チームとしての総合力をどうしたら上げられるか」が分かるわけです。こういう人は、監督やマネージャーのような立場で、よく役に立つこともあります。

会社でも、こういうタイプの人は、そこそこ出世します。社長にはならないかもしれませんが、副社長として長く活躍するような人には、こういう人がわりに多いのです。「私は、社長になる気がありません。副社長で結構です」という人は、けっこう長くやることがあります。

今の安倍政権を見ると、安倍首相をスターにするために、周りは、黒子のようなタイプの人で固めています。スター選手のような人をそばに寄せると、自分のほうが霞《かす》むので、あまり望ましくはないのでしょう。

File 8

安倍晋三

（1954～）第90・96代内閣総理大臣。

（写真：首相官邸ホームページ）

\ check /

『安倍総理守護霊の弁明』

安倍さんは、その人がいると自分が目立つような人を近くに置きたがる気《け》があるのですが、そういう人がトップの場合、トップを狙《ねら》わずにアシストに徹していると、少なくともナンバーツーまで上がれることがあるのです。

例えば、官房長官の菅《すが》さんは、秋田の高校を卒業したあと、集団就職で上京してきて、働きながら大学の夜間部を出た人なので、通常の経歴から見ると、会社では出世できないタイプだと思われます。それが、大臣にまでなって、ナンバーツーのように政権を仕切っているわけです。

「これだけで十分な出世である」ということで、「あと

File 9

菅義偉

(1948 ～) 第三次安倍改造内閣の内閣官房長官、沖縄基地負担軽減担当大臣。

\ check /

『誰もが知りたい菅義偉官房長官の本音』

は、いかに長くお守りして政権をもたせ、ご主君の目指しておられることを達成するか」ということを考えている人は、やはり、それなりに底光りするし、マスコミのほうも、それなりに認めてくるようなところはあります。

つまり、野心のないことが、自分を守り、かえって偉業を達成させることもあるのです。

そういう意味で、例えば、今の政権であれば、華があるタイプの人は、意外に活躍しにくいでしょう。そういう場合もあるので、そのあたりをよく知っておいたほうがよいと思います。

チームで成果をあげられるか

結局、「チームとして、全体の仕事において何ができたか」ということが大きいので、そのあたりの観点を忘れてはいけません。まじめでコツコツよく努力することはよいのですが、個人戦だけではないところがあるので、やはり、「チームで成果をあげる」というところに頭が回らない人は、最終まではいかないことが多いのです。

スタープレーヤー同士での対立があまりに激しくなると、「どちらが正しくて、どちらが間違っているか」は、はっきりとは決めかねる部分があります。誰でも何パーセントか、何十パーセントかの正しさは持っていて、決めかねるところがあるのです。

ただ、組織として対立が長く続いて派閥がたくさんできるようになると、必ず対立している人たちを引き離したり、遠いところに分けたり、辞めさせたりするようになるので、トータルでの成果は下がってきます。そうすると、個人に能力があっても生き残れないことがあるのです。これは法則なので、知っておかなければいけません。

「能力はあるのに、もうひとつ、出世しない」とか「認められない」とか思っている人がいたら、「あなたは、自分でシュートして入れた点数は、どのくらいありますか。一方、アシストして、ほかの人にシュートさせて入れた点数は、どのくらいありますか。それを考えたことはありますか」というように訊《き》いてみればよいでしょう。

おそらく、「アシストして、ほかの人に点を入れさせる」ということは考えたことのない人が多いのではないかと思うし、「アシストだけで、チームに貢献する」ということも考えたことのない人が多いと思います。

そういう人は、基本的に、華のあるタイプの人ですが、アシストの部分が全然できない人は、やはり嫌われることがあります。単に嫉妬されるだけではなく、「トータルの客観的な成果としてマイナスが出る」と見て、嫌われる場合もあるので、このあたりは気をつけないといけないところです。

東大出の人なども、ここはよく気をつけないといけません。

能力はあるのですが、東大でも一学年三千人もいるので、なかで、目立つというか、「あの人はすごいよな」と言われるようなことは、めったにありません。

大学時代を四年間過ごしても、「すごい人だ」と言ってもらえることは一回もないという人がほとんどで、九十数パーセントの人は、そう、ほめられたことはないだろうと思います。

成績は、「そこそこ」か「平均より下」か「平均より少し超えた」かぐらいのところで、みな固まっていて、ものすごく成績のよい人だけはワーッとしゃべりまくっています。そのように吹いている人は数名いますが、それ以外の黙っている人たちはみな、その他大勢のところに入っていて、達成感がないのです。

そのため、会社に入ると、「今度こそ目立とう。エースストライカーになってやろう」と思って、奮起して頑張ります。

そういうかたちで、学生時代になかなか認められなかったので頑張ろうとするのですが、周りからは、「なに、あいつ、あんなに気張っているんだ。もう少しおとなしくできないのか。目障りだ」という感じで、バッシングを受けます。

そして、バッシングを受けると、そうした人は、もっともっと頑張ろうとするのです。「バッシングを受けるということは、まだ勉強が足りないし、努力が足りないのだろう。もっとやらないと駄目かもしれない」と思って、さらに二倍、三倍の成果をあげようとして頑張ります。

ここで、つまずきが出ることが、けっこうあるのです。

私が会社時代に受けたアドバイス

私にも、そういう経験はあります。

一生懸命にやったときは、ボロボロに言われ、手を抜いて、なるべく普通でいようとしたときは、評判が上がったので、「こんなに不可思議な社会は、もう、やっていられない」と思ったぐらいです。

私は、会社での異動のときに、上司に「おまえな、次の職場では、絶対に仕事をするな。『仕事ができる』と思われようとするな。目立とうとするな。とにかく座っているだけでいい。もう何もするな」と言われたことがあります。

「座っているだけ」というのは、きついです。これは難行苦行です。「座っているだけでいい」と言われても、そういうわけにはいきません。給料をもらっているのに、「もう仕事をするな」というわけですから。

しかし、騙《だま》されたと思って、〝仕事をしないで〟いたら、本当に評判が上がっていきました。「世の中、こんなことがあってよいのだろうか。ひどく不公平だな」と思ったものです。

「一生懸命にやったら、評判が下がって悪口ばかり言われるし、敵はできるし、上からは攻撃されるし、周りからは足を引っ張られる」ということで、ほめてくれるのは、ライバル関係にならないぐらい年齢が離れている人や、会社の外部にいる人でした。社外の人はほめてくれるのですが、なかの人からは、さんざん悪口を言われたものです。

「もう仕事をしては相成らん。『仕事ができない』なんて思っている人はいないのだから、とにかく普通にしていろ。じっとしていろ。何もするな」と言われ、半年ぐらいそのとおりにしたら、人気というか評判が上がり、元いた部署から、「人格にずいぶん変化があったらしい。成長したらしい」などと噂《うわさ》されたのです（会場笑）。

「もう、どうなっているのだろう。貢献を求めない会社なんて、あってよいのだろうか」と思いましたが、おそらく、今の理論で言うと、当時の私は、周りの人から、自分独りですることばかり考えているように見えたのでしょう。

サッカーで言えば、「ディフェンダーがたくさんいるのに、自分独りで全部抜いてシュートしようとしている。そんなに目立ちたいのか」というような感じに見えて、目立っていたのだと思います。

周りの人は、おそらく、「ほかにも人がいるのだから、パスしろよ。パスして、その間に走っていって、パスを受けて蹴《け》ったらいいではないか。そのパスができないのか」というように思っていたのでしょうが、当時の私は、自分を過信して、「五人抜きぐらいでシュートを決めてやろう」というように思っていたわけです。

「ブラジルには、ときどき、そんな選手もいるかもしれないが、世の中、そんなにはいないのだ。ほかの人もちゃんと使ってくれ。給料をもらっているのだから、使ってくれないと困る」というところでしょうか。結局、そういうことだったのかなと思います。

私としては、「シュートが一本しか決まらなかった。悔しい。三点は欲しかったな」とか、「五点ぐらい決めたかったな」とかいうように思って、「今度は三本」「今度は五本」と思っていたのですが、〝逆回転〟していったのです。

周りからは、「あいつは、いつも自分でボールを持って、走りまくっている」というように見えたわけです。人にボールを寄越さないエゴイストに見えたわけです。私は、決してエゴイストのつもりはなく、「チームを勝たせなければいけない」と思って、やっていたのですが。

「東大出身者」と「早稲田出身者」の違いは？

当会の職員のなかで東大出の人は、「扱い的にややおかしいな。能力に比して、もうひとつ役職が上がらないな。どうして分かってくれないのだろうか。どうも、早稲田出身の理事長が長年続いているから、体制的に嫉妬の文化が出来上がっているのではないだろうか」と思うかもしれませんが、そうではありません。

実は、早稲田出身の人は、「自分でシュートできるが、アシストしてシュートさせることもできる」という才能を持っていることがわりに多いです。つまり、「自分がエースになることもできるが、人に手柄を譲って、得点をあげることもできる」という人がわりに多いのです。

このあたりが少し違うところで、早稲田出身の人には、「どちらもできる」という人が多くいます。「アシストしかできない」という人は少なく、「自分でシュートできるが、アシストしてシュートを人に決めさせることもできる」という人が多いのです。

一方、東大出身の人には、自分が決めないと気が済まない人が多くいます。慶應《けいおう》出身者の場合は、人にもよります。田舎育ちの場合は、慶應でも少し違うことは違うのですが、毛並のよい都会育ちの人とか、何代も続いたよい家柄の人とかになると、やはり、アシストできず威張っているので、嫌われて潰《つぶ》されるというか、周りから抑えられる傾向があります。

これについては、そういうものだと知っておかないといけないでしょう。

「出世するかどうか」は、学歴だけでは分からない

女性の場合、相手の学歴だけを見て、「出世する」と思い、結婚したとしても、意外に相手は出世しないこともあるので、今述べた点についてはよく見たほうがよいと思います。このあたりが「違い」なのです。

「高学歴だから、ある程度、頭はよいけれども、ちょっと抜けているところがある。バカなところがある」、あるいは、「高学歴だけれども、ほかの人を立てたり、ほかの人の手柄もつくってあげられたりして、チームプレーができる」という要素があるような人が、狙い目です。そういう人は、生き残る可能性は極めて高いのです。

「自分でシュートを決めない限り、納得がいかない」という人は、独立でもして成功するしか方法はなくなるのですが、そうなると、例えば、東大型のような人たちは、あまり向きません。独立して事業を始め、成功するような人はあまりいないのです。

なぜかというと、先ほど述べたように、頭がよすぎる人の場合、百点を求めるので、失敗を嫌がるからです。そして、失敗を嫌がる人は、そういうベンチャーにはあまり向いていないのです。

ベンチャーは、もう失敗の連続です。失敗して、失敗して、それでも立ち上がってこなければいけないので、ベンチャーには向いていません。大きな組織でこそ成功できるのであり、ベンチャーではそう簡単ではないのです。

東大型の人はベンチャーではあまり成功しない

もちろん、個人にもよりますが、基本的には、東大型の人で、ベンチャーで成功する人は少ないです。

渡部《わたなべ》昇《しょう》一《いち》さんが、私の言っていることを引用して、「東大を出て起業家として成功したのは三人ぐらいしかいない」ということを、どこかに書いていました。ただ、みな、成功したとは言えないかもしれません。失敗しています。

三人というのは、リクルートの江《え》副《ぞえ》浩正《ひろまさ》さんと、東大宗教学科中退のホリエモン（堀《ほり》江《え》貴文《たかふみ》氏）、そして、大《おお》川《かわ》隆《りゅう》法《ほう》のことですが、みな、成功したと言えるかどうか。

前者の二人は、ある程度は成功しましたが、最後まで、いいかどうかは少し分かりません。ホリエモンはまだ若いので、カムバックする可能性はないとは言えない

File 10

渡部昇一

（1930～）英語学者、評論家。専門の英語学のほか、保守系言論人として幅広い評論活動を行っている。著書に『知的生活の方法』（講談社現代新書）など多数。

\check/

『渡部昇一流・潜在意識成功法』

と思います。人気も少しあるので、そのあたりは分かりませんが、江副さんは最初成功したのに、晩年のほうはきつかったのです。

私については、〝神経にもよる〟でしょうけれども、ある意味、成功といえば成功ですが、失敗といえば失敗かもしれません。普通の神経だったら、とっくに潰れているかもしれません。意外に神経が〝切れて〟いるところがあるので助かっていて、いまだに健在なのですが、ナイーブな百点男だった場合は、とっくに潰れている可能性が高いと思います。意外に「野性味」があったので、今のところ、生き延びています。

ただ、野性味があるのですが、長らく東京に住んでいるので、今は「都会派」だと思われています。人が錯覚しているのをわざわざ否定する必要はないので、なるべく〝利用〟させていただいておりますが（笑）、本質的には「かっぺ」です。

みな、私のことを都会派だと思っているようなので、その期待を裏切っては

POINT

東大出身（中退）の起業家

江副浩正（1936～2013）

東京大学在学中に財団法人東京大学新聞社を立ち上げ、その後、年商数億円の大企業「リクルート」に育て上げたが、急速な発展を疎まれ、財界で孤立。未公開株を政財界人に事前売却したとして贈賄罪で有罪判決を受ける。

＼check／

『リクルート事件と失われた日本経済20年の謎　江副浩正元会長の霊言』

堀江貴文（1972～）

インターネットが普及し始めた時代にいち早くホームページの制作・管理運営事業に目をつけて成功。「時代の寵児」と呼ばれたが、球団やテレビ局を買収しようとして失敗。2006年、有価証券取引法違反で逮捕される。

いけないでしょう。ちゃんと乗るようにはしていますが、本質的には、田舎カルチャーのようなものを持っているので、低い自己評価にも耐えられるところがあるのです。そのため、ある程度、上がり下がりの振幅があっても、耐えられることもあります。

月三万五千円ぐらいで生活するという時代も経験しましたし、長者番付（高額納税者番付）に載ったこともありますが、どちらも、別に大して変わらないのです。

POINT

稼げる男のマインド

1 まじめで、根気よく努力する
姿勢を持っている

2 個人プレーもできるが、
アシストしてチームに貢献もできる

3 何度失敗しても立ち上がる
ベンチャー精神がある

5 理想的な年収は？

可処分所得が月十万円ぐらいの独身がいちばん豊か？

個人的に、いちばん豊かだったような感じがするのは、可処分所得というか、必要経費を抜いた残りの自由に使えるお金が、「月十万円ぐらい」だったときです。その頃が、いちばん豊かだったような気がしてしかたがないのです（笑）。

貧しくて月三万円や五万円で生活しているときは、豊かではなく、ギリギリ、ヒーヒーで、カツカツで生き、栄養失調で病気にならないように気をつけなければいけないという状態でした。

ところが、高額納税者番付に載るようになっても、不自由は不自由であって、お金を使えても食べられないのです。「食べたら、体重が増えて苦しむので、あとで減量しなければならない」という、もう、バカみたいな話です。「おいしいものを食べては、減量のために、運動したり断食《だんじき》したりしなければいけない」ということで、いろいろな代償を払わなければいけなくなるし、攻撃もたくさん受けるようになるし、「痛し痒《かゆ》し」で両方ありました。

ですから、意外に月十万円から二十万円ぐらいの可処分所得があるあたりが、本当はいちばんリッチに生きていただろうと思います。

会社時代、先輩たちも、私によくたかってきました。先輩たちは、「独身貴族と言って、いちばん金を持っているのは独身なんだ。独身で可処分所得が月十万円以上ある人が、いちばん金を使えるので、たかりやすい」と言っていました。

また、「妻子持ちになったら、みなピーピー言っている。商社なんかだったら、だいたい子供は二人が限度で、三人生んだ場合は悲劇だ。まともな教育を受けさせるのは無理で、親より偉くなることはまずない」とか、「海外と日本を行ったり来たりしているうちに、だんだん引っ越し貧乏になっていって、厳しい」とか、そういうこともよく言っていたのです。

実際にそうでした。確かに、おいしいものをよく食べられたのは、月十万円ぐらいを自由に使えたあたりです。その頃が、いちばん、おいしいものが食べられて、収入が上がったら、今度は食べられなくなっていったのです。

「年収三百万円」を超えると、人生に希望が見えてくる

5 理想的な年収は？

東大の社会科学研究所（社研）が研究しているものに、「希望学」というものがあります。これは経済学部系の研究のようです。

私のほうは「幸福学」を説いていますが、「希望学」もあり、いろいろと調べてみると、「どのあたりから希望が芽生えてくるかというと、だいたい年収三百万円が一つのラインになっている」とのことです。

つまり、「年収三百万円」のラインを超えると、人生に希望が見えてくるらしいのです。年収三百万円の人というのは、月収で言うと、だいたい二十万円前後の人だろうと思われますが、そのくらいを超えると、人生に希望が出てくるというわけです。

「将来の出世とか、収入とか、家の発展とか、いろいろな未来に対して希望が出てくるのは、年収三百万円ぐらいからで、年収三百万円にいかない層には、希望を持っていない人が多い」と言われています。

ボーナスが多い場合は、月収二十万円もあれば十分で、ボーナスが少ない場合は、二十数万円でしょうが、意外に、そのくらいの人から希望が芽生えてくるのだそうです。

子供の学力がいちばん上がる所得層は？

確かに、子供の教育をとってみても、所得が低い層は、あまり教育できない場合が率的には多いのですが、逆に、年収が一千二百万円を超えても、子供の学歴は下がってきます。これは、統計的にはっきりと出ています。

経済が苦しくなる前は、「子供を私立の中学・高校・大学に入れたり、塾等に通わせたりするのに、だいたい年収八百万円は要る」と言われていたので、

5　理想的な年収は？

今は、もう少しラインが下がっているかもしれませんが、だいたい、年収八百万円から一千二百万円までの収入圏でしょうか。普通は部長級ぐらいで、会社によっては役員級かと思います。

ＮＨＫでは、職員の平均年収が一千七百万円で、ほかの大手テレビ局でも一千二百万円から一千五百万円ぐらいは取っているという話なので、そういうところでは、課長級ぐらいかもしれません。分かりませんが、テレビ局になると、四十歳前後だったら、そのくらいもらっている人が多くて所得層が上なので、一般の会社と同じではないかもしれません。

ということで、普通は、このあたりの層の子供の学力がいちばん上がります。

「年収一千二百万円を超えて、二千万円、あるいは、それ以上になってくると、親が遊び始めるので、子供はそれを見てやる気をなくし、努力しなくなっていく。遊んで暮らせるものと思って、先に遊びのほうを覚えてしまい、勉強ができなくなっていく」と言われています。

イギリスでは、貴族や富裕層の場合、◆パブリックスクールに子供を行かせますが、結局、親が遊んでいるところを子供に見せてはいけないからでしょう。小学校からの全寮制の学校もあったりして、そこに放り込むのです。郊外にあり、宗教家が舎監《しゃかん》をしているような厳しいところに放り込み、オックスフォードやケンブリッジなどの大学まで行かせ、そして、階級を維持するわけです。

親は、夜、社交ダンスをしたり、飲みに行ったりして遊んでいるので、子供は、家にいたら、す

オックスフォード大学

(イギリス・オックスフォード市)

ケンブリッジ大学

(イギリス・ケンブリッジ市)

◆ **パブリックスクール**　歴史のある私立のエリート校のこと。

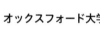

ぐに分かってしまいます。そこで、「子供を出してしまう」ということをやっているわけですが、それは、「経験知から、堕落するのを知っている」ということなのでしょう。

収入が一定以上上がると……？

年収が一定以上増えると、人間は遊ぶものです。一定以上上がったら遊ばずにはおれないので、必ず、余分なこと、しなくてもよいことをし始めるようになります。

例えば、ゴルフにのめり込んだり、酒にのめり込んだり、新橋で芸者をあげたり……。私は経験がないので何も語れませんが、そういう人もいるようです。会社時代、私はそこまで偉くならなかったので、分からないし、今さら行く気もないのですが。

ちなみに、私の母は、子供時代、東京の築地に住んでいました。伯父が築地に家を持っていたのです。母によると、芸者遊びをしようとしたら、その界隈《かいわい》でも、「お金を札束で持っていないと、玄関にも入れてくれない」という話だったそうです。これは戦前の話です。そんな〝怖い話〟を、母から聞いたことがあります。

お大尽《だいじん》というのは昔からいたらしく、お札をばらまいていたようです。私も、一回そういう経験をしてみたかったのですが（笑）、職業が〝悪く〟、宗教家なのでできません。

以前、京都の和風旅館に行ったとき、庭を挟んだ向かいを見たら、外国人が芸者を呼んで踊らせて、拍手をしたり札びらを切ったりしていたようなのですが、宗教家の立場では、やはり、そういうことはしてはいけないでしょう。

必ず秘書の口から漏れます（笑）（会場笑）。私は、そう見て、そういうことは慎《つつし》まなければいけないと思っているので、しませんが、それはそれでよかったのかもしれません。偉くなった在家経験はないので、遊び方はよく知らないのですが、それはそれで、よかったのかもしれないと思っています。

金銭的に成功しすぎても、それなりに苦しいところもあるようです。

成功しても、謙虚であり続けられるか

「希望学」的には、「年収三百万円を超えるあたりから希望が出てくる」ということと、もう一つ、「挫折《ざせつ》や逆境経験がある人ほど、希望を持ちやすい」ということも、傾向として出ているそうです。

「一定の挫折をしたり、何らかの逆境経験をしたりした人で、年収三百万円

ラインを超えた人は、人生に希望を持ちやすい」という結果が出ているので、三百万円ぐらいから一千二百万円ぐらいまでが、人生としては、よいあたりなのかもしれません。

一千二百万円を超えると、責任が重くて潰《つぶ》れることもあります。自分以外の責任をたくさん背負わなければいけなくなるからです。

あるいは、お金が貯まり使えるようになってくると、不要不急のことにお金を使ってみたくなったりするので、まじめな、コツコツとした努力ができなくなる可能性もあります。つまり、自分を律していく心がないと、それ以上はいかないということかもしれません。

「お金があまりなくて普通である、あるいは、普通以下であるから、謙遜《けんそん》したり、謙虚であったりする」というのは、それほど難しいことではありませんが、「地位が上がったり、収入が上がったりしても、謙虚であり続ける」というのは、とても難しいことであると、私は思います。

ですから、そういう逆境が来ない人の場合は、わざわざ逆境を経験しなくてもよいのですが、自分なりに厳しい目標を立てて、その目標を乗り越えようとする気質を持つことが大事です。

イチロー選手は、「四千本安打を打ったといっても、八千回以上は三振や凡打をしている。それを考えれば、大したことはない」というように、自分に言いきかせているそうですが、そういう感じでしょうか。

彼は、験《げん》を担《かつ》いで、朝は必ず奥さんのつくったカレーライスを食べて出てくるなど、それほど費用の高くないワンパターンのルールをつくり、それを守っているようですが、何か、そういうところは要るでしょう。一定以上の成功をした場合、求道心《ぐどうしん》のようなものを失うと、やはり厳しいことになるのではないかと思います。

話としては、このくらいにしたいと思います。

第2章

稼げる男を見抜くためのQ&A

二〇一四年九月十日　説法
東京都・幸福の科学総合本部にて

Question 1

稼げる男の共通点とは？

稼げる人や稼げる上司には、口癖や習慣、マインドなどにおいて、何か共通のものがあるかと思います。それを教えていただきたいのと、もう一つ、そういう共通点が出てくるには一定の年齢があるような感じがしますが、もしそうであるなら、その年齢についてご教示いただければ幸いです。

自分の仕事以外のことにまで責任を感じているか

稼ぎ続ける人、あるいは、稼ぎが雪だるま式に大きくなっていく人の特徴は、最初の頃は小さな成功でもすごく喜ぶでしょうが、だんだん大きな成功になっていっても、基本的には「慢心しない」というところが大きいと思います。

大きな成功をしても、「いや、大したことはない」と言う人。冗談として言ったり、人を煙に巻くために言ったりするのではなく、「本当にこの程度の成功ではまだまだ十分ではない」と実際に思っているような人。「自分一人における成功であれば十分だが、自分一人ではなくて、周りの人や組織全体の成功も考えたら、この程度の成功では足りない。とりあえず自分のセクションだけでは十分な成功かもしれないが、ほかのところまでを考えると、この程度では自分の力が足りなかったな」と考えているような人。このように、自分のセクション以外のところがうまくいっていないことも自分の責任であると感じるようになれば、その人はまだ「伸びしろ」があると見てもよいのです。

例えば、名前を出すと、怒られるかもしれませんが、当会には広報局という部署があります。「広報局は、週刊誌が悪口を言ってきたときにだけ、相手をすればよい」と思っているならば、一応それだけで、成功したかどうかは判定されると思いますが、例えば、来年（二〇一五年）は、「ＵＦＯ学園の秘密」という映画があります。

「これがヒットするかヒットしないか。それは映画班がやればよいことであって、勝手にやればよろしい」と思っているかもしれません。「ヒットしてもしなくても、

映画「UFO学園の秘密」
（製作総指揮・大川隆法。2015年10月公開）

それは映画をつくっている人たちの手柄だから、自分たちで勝手にゴールを決めるなり外すなりすればよい」と思って、へたに広報局が手を出して、オウンゴールで自分のところに蹴《け》り込んだりしたら大変なことになるから、手を出さないで逃げるということはありうると思います。

ただ、今やっている仕事で力が少し余ってきて、「この程度の成功では足りない」と思えば、広報局の仕事として、映画のほうも当然入ってくるかもしれませんし、もっとほかの部分も入ってくるかもしれません。譬《たと》えに出して大変申し訳ないと思いますが、力が伸びてくれれば、ほかのところにも責任を感じることはあるかもしれません。

あるいは、当会にはありませんが、会社によっては、企画本部や企画部、企画室と言って、そこで業務企画を全部立てているようなセクションもあります。

◆**オウンゴール**　サッカーなどで、自軍のゴールにボールを入れて敵に得点を与えること。

企画部というようなエリートコースはけっこうあり、「そこで企画を立てているから、ほかのところでは企画しなくてよい」などと思っているかもしれませんが、企画部だけで立てても、実際にやった経験がないものについては分からないことが多いので、大本営参謀型の企画になりやすいところはあります。

やはり、それぞれのところで、自分たちで企画を立てていくという力も要るでしょう。そういうこともあるだろうと思います。

それから、立場が上になればなるほど、できないことも増えてくるだろうと思います。もう少し下の立場にいたらやってしまうことでも、立場が上になればなるほど慎重になって、できなくなることもあるだろうと思いますが、そのときには、「無能だ」という批判をたくさん受けるはずです。

ただ、「無能だ」という批判に耐えて座り続けている人は、それなりに力はあるのです。普通は、「無能だ」という批判にはなかなか耐えられず、必ず何かをしでかしてしまいます。無能だと思われたくないために、何か目立つことをしたくなるのですが、そうすると、寿命が短いことも多いのです。

そういう意味で、稼げる上司で、もっともっと稼げるようになる人というのは、個人としての成功・失敗の「成功分岐点」のレベルが変わってくるのだと思います。経営で言えば、「損益分岐点」に当たるものでしょうか。

要するに、ほかのところにまで自分の成功がかかってくるように感じるタイプの人は、まだまだ「伸びしろ」のあるタイプであるということです。

未来への責任をどのくらい真剣に受け止められるか

また、「年齢とどのくらい関係があるか」ということですが、意外に二十歳《はたち》から六十歳過ぎまで幅広く能力が点在していて、早ければ二十歳ぐらいで、あるいは、もう少し下の十八歳ぐらいの人でも、そういう芽は十分に持っています。

これは、その人の責任感ややる気、あるいは未来ビジョンのところですが、未来に対する責任まで感じられる人がいるのです。若い人にもいるはずです。若い人であっても、「未来への責任」を感じる人がいるのです。

年を取ると、だんだん未来への責任をあまり感じなくなり、現在ただ今の責任というか、過去の責任だけを一生懸命に背負っている人もいます。「過去にしたことへの責任の数々を何とかお返ししないと、退社できない」と思っている人もいるかもしれませんが、「未来への責任をどう感じるか」というあたりで、その年齢のスタート点は変わってくると思います。

そういう意味では、若くても、経営担当者的な発想ができる人はいます。新卒でも、そういう人はいるはずです。新卒でも学生でもいるはずですし、六十歳になっても、そういう発想がない人はないのです。

ですから、先ほど述べたように、「成功・失敗の分岐点、損益分岐的なもののレベルがだんだん上がっていく」ということが一つと、「未来への責任をどのくらい真剣に受け止められるか」ということかと思います。

もちろん、現在ただ今に集中しなければいけないことは、仕事的にはそのとおりですが、現在ただ今の仕事をしながら、「それが未来への責任につながっていく」というところまで自覚していることが大事なのです。


自分の出世のためではなく、会社の将来のために必要な手を打つ

手前味噌《みそ》で大変恐縮ですが、会社の人たちから私がいちばんほめられたのは、在家時代ではなく、会社を去ってからあとのほうが多かったのです。それは、「退社後、ほかの業界で成功しているから」という意味ではなく、私が会社を去ったあと、「あなたがしていたことや、言っていたことの意味が初めて分かった」という人が多くなっていったということなのです。

みな、私が独立して宗教をやるとは思っていませんでした。そういう人であれば、普通、腰掛的に仕事をするものでしょうが、私は、最初から会社を辞める気があったにもかかわらず、在職中は、会社の将来に向けて必要なことを一生懸命に言って、手を打っていたのです。私が辞めてからあとになって、初めてそのことが分かったという人が多くて、感謝されました。

在職していたときは、私の言うことを聞いてくれず、辞めて一年も経ってから、ようやく、私が社内懸賞論文に書いたことを役員会で採用し、そのまま経営方針として出し始めたらしいのです。そういう話が入ってきて、「今頃になって、ようやく気がついたのか」と思いました。

自分の出世のために言っていたわけではなく、「どうしてもこういうふうにしないと、うまくいかなくなる」ということが分かっていたので、言っていたのです。

ところが、在職中は、そうは思われずに、「上司に楯突《たて》いている」とか、「上司を批判している部分が一部ある」とか、「社長を批判している部分が論文にある」とかと言われたのです。

あれは、社内懸賞論文のときでしたが、「副社長までいって、評判はとてもよかったが、社長の方針を完全に批判している部分が入っている。賞を出した場合、社長は必ず読むから、これはまずい。いちばんよかった論文だが、賞を出さずに隠した」というように、上司から報告を受けたのを覚えています。

その社長がいなくなってから、私が提案した方針が採用され、会社はしばらくうまくいった時期があったようです。

そういうこともあって、「自分が出世するためにやっているのかと思ったら、そうではなかったのか」ということを、あとから言ってくるような人もいました。

このように、「全部、自分にリターンがある」と思って、やってはいけない面はあります。気がつかれない場合もありますが、分かってくれなくても構わないのです。それは、自分が知っていればよいことであるのです。そういう考え方も大事かと思います。

敵が出てきたとしても、認めてくれる人も出てくる

先ほど述べた、エースストライカーのような目立つ選手、あるいは、本田選手のようなビッグマウス的な人は、味方も多いですが、敵も出てくると思いま

す。

　敵の声があまりに大きく聞こえてきすぎるときは、かなりきついと思いますが、そういうときには、「みんながみんな、悪口を言っているわけではない。みんながみんな、敵ではない。認めてくれている人も一部にはいるのだ」ということを客観的に見て、自分の自我が完全に崩壊してしまわないように、自己信頼を持つ心を一部に残しておかないと、〝浮力〟には決してなりません。

　うまくいっているときには頼りになる上司であっても、上司のまたその上の人が替わると、急に逆風になったり、今までのことが否定されたり、嫌われたりするよ

File 11

本田圭佑

(1986～) プロサッカー選手。イタリア AC ミランに所属。プレーだけでなく、派手な外見や強気な発言が注目を浴びる。2010年ワールドカップでは「優勝を目指してもいい」と語ったのが話題になった。

\check/

『サッカー日本代表エース 本田圭佑守護霊インタビュー』

うなことがあって、その人についていったら不利になるようなこともあります。

そういうときも、「自分が批判されたり悪口を言われたりするのはしかたがないかもしれないが、それだけではない部分もあるし、それを認めてくれる人もいる」というように、自分に対して客観的に見る目があると、それが自分を守り、リバウンドしてくる力になることもあるのです。

また、そのあたりをきちんと見てくれている人もいます。日本人の悪い癖として、ストレートにほめてくれないということがあります。悪口は言うのですが、ストレートにはほめてくれないことがあるのです。「ほめたら本人が舞い上がる」とか、「増長する」とか、「慢心する」とかいう思いもあるのかもしれませんが、ほめてくれないことが多く、黙っていることが賞賛である場合もあって、意外な人がきちんと見てくれていたりすることもあるのです。そういうことも、可能性としては知っておいたほうがよいと思います。

先ほどの話の続きになりますが、会社とは直接に関係がない、寮の管理人をしていたおばさんが、私が会社を辞める段になって初めて、「人の十倍働いて、会社のためになることをして、利益もそれだけ残して、それで辞めていくような人もいるんだねえ」と言ってくれました。そんな人でも分かっているのです。「十倍働いている」と見えていたようですけれども、これは現実です。

ほかの人から、「出世したくてやっているのだろう」「そんなに焦って社長になりたいのか」というような批判がたくさん来たのですが、私が霊言集を出して宗教家になると、みな、あっと驚いていました。

辞める一年くらい前に、一部、情報が漏れたことはありますが、ほとんど隠していたので、「まさか」という感じだったようです。

「あの人がそういうことをするか。ものすごく愛社精神の強い人なのに、独立の準備をしていたというのは、ちょっと信じられない」という感じが非常に強くあったようでした。

これは、当会の宗教の教えを見れば、そういうふうになっているところがあると思います。

仕事ができる人でも、エゴイストなら距離を取るべし

ただ、仕事がよくできる人でも、本当にエゴイストだったら、適当な距離は取らなければいけないでしょう。今は稼いでいる、あるいは活躍しているかもしれませんが、確実にエゴイストだと思うのであれば、そんなについていってはいけない部分はあるでしょう。少し距離を取らなければいけないところはあります。

「学ぶべきところは学び、学ぶべきでないところは学ばない」という姿勢でしょうか。完全に「イエス・オア・ノー」というのではなく、「学ぶべきではないところは学ばない。学ぶところは学ぶ」というぐらいのスタンスでついていったほうがよいと思います。

全体的な答えとしては、そういうことになります。

Question 2

夢を語る男のうち、本当に叶える人は？

自信過剰なのか、それとも〝Think Big！（「大きく考えよう！」）〟の態度なのかは、どこに違いがあるのでしょうか。「今は成功していなくても、夢を叶えるタイプ」と「夢ばかりを語っていて、結局、成功しないタイプ」との違いについて教えていただきたく思います。

中身が大きいかどうか

夢ばかり語って成功しない人の場合は、やがて言わなくなりますから、それは分かります（笑）。みな、夢を語りますが、やがて言わなくなるということはあります。やはり現実は厳しいのです。

会社でも、新入社員のときは、「社長になりたい」と言っていても、一年後、三年後、五年後に聞いてみたら、「部長になりたい」とか「課長になりたい」とか、レベルが下がっていき、年を追うごとに、「社長になりたい」という人の比率はどんどん落ちていきます。それは、自分のことが見えてくる人がいるからです。また、努力しなくても、周りから、自己認識をしぼめてくれるというか、小さくするように指導が始まるからです。

「おまえ、ちょっと過ぎているぞ」と口で言われる場合もあるし、口で言われない場合もありますが、いろいろなかたちで無意識の圧力、重圧、水圧が周りからかかってきて、だんだん縮まっていくのです。

ただ、押されても押されても、また戻ってくる人はいます。本当にその人の中身が大きい場合は、どうしてもそうなるのです。

もちろん、空回る場合はあります。まだ経験値が足りないために、あるいは、専門知識が足りないために、思っていることが実現できないでいるときはあって、そのときは空回っているのでバブルに見え、周りの批判が正当に見えるところがかなりあるのです。

「空回っているが、こういう志があって、こういう夢を実現したいのだ。実際には、それだけの経験を積まなければいけないし、知識も必要だけれども、どうしてもやりたい」と思って言い続けていると、周りから、必ずボディーブローがボンボンとかけられてくるようになるはずです。
それで、縮んでしまう人もいるでしょうし、いったんグシャッとなっても、すぐに戻って、もう一回、「そうは言いましても、どうしても」と言うような人もいると思うのです。

会社の先輩たちを驚かせた「私のリバウンド力」

また私の話を出して大変恐縮ですが、もし不遜《ふそん》であったら、許していただきたいと思います。
会社時代、特に東大系の先輩たちは私のことを非常に心配してくれて、「何とかして、あいつの自我を縮めてやる必要がある」と思っていたらしく、プロジェクトを組んでいたわけではないのですが、「どうやってあいつの頭をへこますか」ということについて、いろいろと情報交換をしていたようです。そして、「あいつの頭を叩《たた》いておかないと、もつわけがない。あのままでは絶対もたないから、何とかしてへこまさなければいけない」ということで、一生懸命に努力して、私のことをガンガンに叩いてきたのです。

しかし、金曜日に目茶目茶にへこませたと思っても、月曜日、私はまた元気になって戻っていたので、先輩たちは、「これは敵わない。どうなっているんだ?」というような感じでした。

ニューヨークに行く前も、叩かれました。先輩たちは、「アメリカに行ったら、いじめられる」と想像していたと思われるのですが、東大の先輩で五年ぐらい上の方が、「事前に、徹底的にいじめておかないといけない」と思ったらしく、会社を辞めたくなるギリギリぐらいまで、いびりを徹底的にやってくれたのです。かなり意図的にやっていたようですが、一部そういう傾向というか、サド気《け》もあった人ではあるのです。

「このままで行ったら、アメリカでボコボコにされる。行く前にへこませておかないと、こいつは駄目だ」というので、ほかの人に命じられた可能性も一部あるかとは思いますが、私はボコボコにやっつけられ、頭にこぶがたくさん出ているかのような状態で、本当にシュンとしてしまいました。ニューヨークに行く前に壮行会をやってもらったのですが、みな、壮行会で泣いている男など珍しくて見たことがなく、「普通、泣くか？　喜んで行くのと違うか」と言われましたが、私は涙が流れてきたのです。

何しろボロボロに言われていたので、「こんなボロボロの状態で行ってもよいのだろうか」と思うような感じで、(肩を落としてシュンとしたしぐさをして)こういうふうになって行ったのです。

ところが、しばらくすると、〝アメリカン〟に変わってき始めて、だんだん地が出てきました（笑）。そして、アメリカンになって日本に帰ってきたら、私の歩いている姿は、部長が歩いているような感じだったらしく、「部長かと思った」と言う人がたくさんいたのです。体重が十キロぐらい増えたこともあるのですが（会場笑）。

ひと回り大きくなったため、服が合わず、胸を張るような感じで歩いていたのですが、ほかの人は「部長かと思った」と言って、人格の変化に驚いていました。

私のことを叩いた先輩も、「あれだけへこませたのに、ここまでリバウンドしてくるか」と、驚いていました。

私のことを〝いじめ〟ながらも、期待もしていた先輩

その先輩は私に対して、そのような意地悪を言ってくる一方で、こんなこともありました。

以前にも話したことがありますが、私がニューヨーク本社にいたとき、資金調達に関して東京本社と対立する案件が起きました。「東京本社はバカだ」と見切って、ニューヨーク本社が単独発進してやった案件があったのです。

すなわち、資金を銀行から借りるのではなくて、「コマーシャル・ペーパー◆」を発行してマーケットから資金を調達する」という、当時の日本としては非常に斬新《ざんしん》で珍しいやり方があり、その場合、必ず日本のメインバンクがメインで加わっていなければいけなかったのですが、ニューヨーク本社は「メインバンクは頭が悪すぎる。外してしまえ」という判断をして独走し、外銀というか、アメリカの銀行とだけ組んで資金調達に入ろうとしたのです。

そのほうが条件的には有利ではあったのですが、そうすると、メインバンク

◆コマーシャル・ペーパー　企業が短期で資金を調達するための、無担保の約束手形のこと。

がカンカンになって怒ることはもう分かっていました。向こうも当然ニューヨークに支店を持っているので、外したら怒るのは分かっていたことだったのです。

そのとき、揉《も》めに揉めました。メインバンクは、何しろ一千億円以上も借りていたところですから、会社にとっては怖いのです。一千億円以上も借りているところが本気で怒り出したらどうなるかというと、社長のクビも飛ぶぐらいの怖さなので、ニューヨーク本社でも議論していたのです。

私は、当時、下っ端だったため、二度は止《と》めましたが、三度目は止められませんでした。

「少なくともメインバンクに仁義は切るべきです。確かにメインバンクを入《い》れなくてもよいかもしれません。ただ、相手が呑《の》めない条件を吹っかけて、相手が自主的に降りるようにしてもよいのですが、少なくとも仁義を切らないと、あとで大変なことになります」というように、二回とも言ったのです。

しかし、三回目、「どうしてもやれ」という業務命令を受けてやりました。もし命令を聞かなかったら、私のほうが会社を辞めなければいけなかったからです。そのあと、本社に通告しましたが、当然、カンカンになって怒ってきました。

さらに、私をガンガンにいじめていた先輩が、私に手紙を送ってきて、「おまえがいて、なぜ止められなかったのか」と言うのです。ガンガンにいじめておきながら、「おまえがいたら、止めるはずなのに、なぜ止められなかったのか」という手紙を書いて送ってきたので、「いや、止めました。二回は止めました。三回目も止めましたが、もう私が辞めるしかない状態になったので、しかたなく出しました」と言ったら、「それなら分かった」ということでした。

このように、上司たちにバッテンが付いてしまうような事件があったのですが、例の先輩は、私を怒っていながら、「あいつがいたら、そういうときには、絶対に意見を言うはずだ」と思っていたようです。

「ここぞ」というときには、上司に対しても意見を言う

そういうことは、ほかのところでも何回か経験しました。

名古屋支社にいたときも、私は若かったのですが、実務部門でけっこうトップを張っていて、普通は四十代の人がやる仕事を二十代でやっていました。特別な人事だとは思いますが、私より若い人を下に入れ、上を外して私がトップにされたのです。

二十代の人がメインバンク担当のトップというのは、さすがにメインバンクとしては、「これは何事か。なめているのか」というところがあったと思いま

すが、なめていると思わせないようにするのに、少し努力は要りました。

また、いろいろなところで、「ここぞ」というときには、私は上司に対しても意見をズケズケと言っていました。休みの日でも、上司の課長が間違っていると思うことを、どうしても言わずにはいられなくなって、言ったこともあります。

社内の人間関係としては非常に難しいのですが、嫌われることがあっても、ここ一番で言わなければいけないときには、軍師・官兵衛のように言わなければいけないのです。どうせやるにしても、「危険がある」ということを知っていてやるのと、まったく知らないでやるのと

File 12

黒田官兵衛

（1546～1604）戦国武将。豊臣秀吉の参謀として活躍。

（写真：黒田如水像〔福岡市博物館所蔵〕太宰府市ホームページ）

\check/

『軍師・黒田官兵衛の霊言』

では、かなり違います。

やはり、危険に気がついたら、言うべきことは言わなければいけません。それによって自分の立場が悪くなる可能性もありますが、私は、それが分かっていても、あえて言ったこともあります。

例えば、銀行との交渉で、銀行側が非常に強気で、上から目線で押し込んでくるのを押し返すために、ひと芝居を打って、課長と喧嘩《けんか》してみせたこともあります。

銀行の人がいる前で、「課長、間違っています。そんなことは絶対に認められません。私は絶対に認めません」と言って、部下の分際で課長に楯《たて》突いたら、向こうのほうは顔色が変わって真っ青になってきて、「大丈夫か。クビになるのと違うか」と心配し始めたのです。私としては、向こうを追い返すために、芝居を打っただけだったのです。

そのあと、課長のところに行き、「相手を引っ込めるためには、あのくらいやらないといけないと思ったのです。ちょっと高飛車に来ていたので、蹴《け》っ飛ばすために、課長に対して失礼なことを申し上げました。すみませんでした」というように言って、きちんと謝りました。

もしそれを受けたら会社にものすごい大損が出る案件だったのですが、力関係で見ると、押し込まれる寸前だったのです。何しろ相手は、こちらの上を超えて、トップのほうに電話を入れて交渉してくるような横柄《おうへい》な銀行だったのです。そこはもう潰れましたけれども。

私より上のほうに電話をかけてきて、「うちと喧嘩する気か？」と言って、脅してくるような横柄な銀行だったので、結局、私はその銀行を切りました。全額返済したわけです。あとで東京本社のほうでは、「あいつ一人で返してしまった」「ぶち切ってしまった」と話題になっていましたが、そこは日本興業◆

◆日本興業銀行　かつて日本に存在した長期信用銀行の一つ。バブル崩壊後、巨大な不良債権に苦しみ、みずほ銀行に吸収合併された。

銀行というところです。当時、非常に威張っていた銀行です。

お金を長期で借りる場合、当時は固定金利でした。五年ものや七年ものを借りると、それは、日本興業銀行が販売していた金融債券（リッキーやワリコー）と一体化していたからです。その銀行は債券を売って集めたお金を運用して、お客さんのほうに利息を払っていたので、その銀行から融資してもらった場合、最初に八パーセントなら八パーセントの金利で借りたら、「七年間なら七年間は金利を下げられない」というわけです。

相手が弱いところ、すなわち、都市銀行の一部や信託銀行だったら、「世間の相場では、長期金利がこんなに下がっているから、この金利のままで借りられるわけがないじゃないですか。『そのまま借りておけ』と言うなら、返すぞ」と言えば、「おっしゃるとおりです」と言って、調整し始めます。

ところが、日本興業銀行はものすごく威張っていて、「うちとやる気ですか」

と言って、上のほうに電話をかけてきたのです。そこで、私は「やったな」と思って、〝剣を抜いた〟わけです。

そのような厳しい面も、いろいろなところで経験しました。

叩かれたときに、リバウンドしてくるか

質問は、「Think Big!」と「自己顕示欲や拡張欲のようなもの」との違いでしたね。

やはり、叩かれても叩かれても出てくる者は、なかにはいると思わざるをえません。本物ではない者は、勢いだけで言っているというか、ただの夢、ジャスト・ドリームだけで言っていて、そういう人は、叩かれると、やられるのです。

実際にそれをやるだけの自信があったら、言い続けると同時に、自分にできることをやっていくべきでしょう。実績をあげていかないと、なかなか言うことを聞いてくれないところがあって、通らないと思います。そういうところはあるのではないでしょうか。

そのあたりは、「自己信頼」と「自分の実力が客観的に見えるかどうか」との関係だと思います。

ほかの人が客観的に見て「実力がない」と批判したならば、天狗になっているように見えるかもしれません。そして、怒られて頭をボコボコにされたり、降格させられたり、あるいは、辞めたりしなければいけないこともあるかもしれません。

ただ、それでも、「言わなければいけない」と思う場合は、言うべきだと思います。また、「それほどまでに言うことはない。その人がいなくなるのを待っていればよい」と思えば、賢く立ち回ることも大事かと思います。

いずれにしても、「叩かれたらリバウンドしてこない」というものだったら、大したことはありません。大した「デザイア（願望）」ではなく、「ジャスト・ドリーム」だということです。

「周りから意地悪をされたり、怒られたり、叩かれたり、いろいろされても言い続ける。思い続ける。『やってしまわないといけない』と、どうしても思う」というのであれば、それは「信念」になってきているので、自分のやれることはやりながら、協力者なり分かってくれる人なりを見つけるように努力しなければいけないと思います。

それは、自己確認の作業であり、結局、「自分とは何かを知る旅」そのものでもあります。

Column

リバウンド力の身につけ方

――『Think Big!』より

何か否定的な考え方が出てきたら、「そうは言っても、こういう考え方もあるのではないか」というように、逆の見方をして、それを肯定的で積極的なものの見方に変えていくのです。（中略）

本当は人生の試練と受け取れるようなものであっても、もっと肯定的で積極的なものに考え方を変えていくことはできるのです。（中略）

竹の子のように、グイグイ伸びていこうとする力を持つことが大事です。「とにかく、伸びていこう。成長していこう」と強く思うことが、未来を拓《ひら》くことにつながっていきます。

その際に、若い人の感受性の強さから来る不幸感覚やダメージなどから、立ち上がる力を持つことが大切です。「自分は人に傷つけられた」「人に悪口を言われて、とても傷ついた」「自分は挫折《ざせつ》したので、もう駄目なのだ。もうエリートではないのだ」などと思い、傷つくことはたくさんあるでしょうが、立ち上がっていただきたいのです。

一晩寝たら、翌日には元気に立ち上がることです。そのように、新しい力を得て、何度でも立ち上がる力、リバウンドする力を持つことが大事なのです。

信念を持ってやり続けることができるか

ただ、最初は、あなたの言うとおり、夢から始まります。夢から始まって、その次は夢ではなく、実際的に具体的に実現すべき目標に変わってこなければいけないと思います。

夢から、実現すべき目標に変わり、実現すべき目標から、その次は、「自分はどういう努力を重ねていって、どういう協力者を得れば、それは可能か」ということを具体的に詰めていく段階が来るのです。「その間、信念を持ってやり続けることができる」ということが大事だと思います。

私自身の自己評価は、とても柔軟だと思っています。ただ、昔から、周りの人は、私のことを「頑固者だ」とよく言います。なぜそう言われるのか、さっぱり分かりません。「こんなに柔軟な男に対して、頑固者だと言うけど、よく分からないな。なぜ頑固なんだろう」と思うのですが、どうも私は、柔軟なところは柔軟なのですが、頑固なところは頑固らしいのです。

基本的なところで、ロジック的に見て、将来を見通して、「ここは譲れない」と思うところに対しては、絶対に譲らないらしいのです。

ただ、それ以外のところで、確かにいろいろな考え方があって、考え方を変えてもよい余地があったり、「相手の意見も聞いてあげなければいけない」と思ったりした場合には、変えることがあるらしく、どちらを見ているかによるようです。

あなた自身についても、「ドリーム」「デザイア」、それから「ゴール」になっていくと思いますが、「それは、曲げることができない信念のようなものなのか、それとも、まだ変換が利《き》いて違うものを選べるようなものであり、チョイスの問題なのか」というあたりのところはあると思います。

「まだ、ほかの選択肢でも十分に達成感をもってやれる」というものであれば、人間関係など、いろいろなものを総合的に考えて、道を変えてもよいでしょうし、引っ込めて、負けを認めてよい場合もあると思います。ただ、譲るべきではないと思うものは、声を大にして叫ぶべきでしょう。

当会の職員でも、総裁が知らない間に、結婚退職したことになっているような人もたくさんいるので、世の中、怖いです。いつの間にか職員を辞めていて、結婚したとか、一身上の都合でとか、病気をしたとかいうことになっているのですが、実は、「仕事上、いろいろとうまくいかなくて、意見が対立していた」ということも、過去にはあったように聞いています。

そのように分からないこともあるかもしれませんが、自分に正直に生きながら、それが同時に、「全体的な大きな使命と合致しているかどうか、方向がずれていないかどうか」の確認をしたほうがよいでしょう。自分の自己実現が、当会が目指している大きなものと関係がない方向での自己実現ということであれば、やはり問題だと思うのです。

政治活動などもやっているので、これから、政治家として自己実現したくて、宗教のほうに、とりあえず入ってくるという人も増えてくるでしょう。そのあたりは、だんだん難しくなってくると思います。

政治家のなかには、偉くなろうと思って、宗教から、お金や票、運動員などの力を吸い取ろうとする人もいます。信仰心を少しだけ薄く持ち、「(行事などに参加して）顔を少しだけ見せてやれば、教団は満足だろう」と考える人もだんだん増えてくるだろうとは思いますが、このあたりについて、最終的には、総合的な評価がいろいろなところから下《くだ》ってくるし、「最終審判」は死後に訪れるので、できるだけ誠実に生きることが大切です。

基本的には、打ち込まれて、頭を〝殴られ〟て、へこまされて、それで戻ってこないようだったら、その程度だということです。

稼げる男の条件10カ条

1

幹と枝葉を見分けられること。
あるいは、普通の人が考えないようなところまで徹底的なこだわりを持っていること。

2

賢いが、少し抜けたところがあり、人間味があること。

3

ここ一番のとき、リスクを取るだけの踏ん張りと、勇気、大胆さがあること。

4

まじめで、根気よく努力を続ける姿勢があること。

5

ほかの人が手柄をあげられるようにアシストすることができ、チームとしての総合力の上げ方が分かっていること。

6

成功しても謙虚であり、さらに厳しい目標を持ち、乗り越えようとする気質を持っていること。

7

自分の仕事以外にまで責任の範囲を広げて考えられること。

8

自分の仕事が未来への責任につながっていることを自覚し、言うべきことを言い、なすべき手を打っていけること。

9

批判されてもリバウンドしてくること。

10

夢を実現していくために、目標を立てて、具体的に詰めていけること。

あとがき

学歴《がくれき》だけが出世や高収入の条件ではない。それは実社会への入場券にしかすぎない。ルックスのいい男性も他の女性に見せつける飾《かざ》りとはなるが、「色男、金と力はなかりけり。」にもなりかねない。家柄《いえがら》の良さにも魅《ひ》かれるが、身分違いの結婚のせいで、ドメスティック・バイオレンス（家庭内暴力）に苦しみ続けている人もいる。人柄《ひとがら》の良さは、表面的にだけだまされると、隠《かく》された劣等感の化《ば》けの皮《かわ》がはがれてくることもある。

私自身も客観的には「稼げる男」に分類されるだろう。その秘訣《ひけつ》は、お金を第一目的にせず、「与える愛」を第一にしつつ、「世のため、人のため」を、本気で考えて、自己鍛錬《じこたんれん》を継続《けいぞく》することである。自己卑下《じこひげ》する態度《たいど》を克服《こくふく》し、堅《けん》実《じつ》な自己信頼《じこしんらい》を築《きず》き上げることだろう。一生勉強であることも、一生体を鍛《きた》え続けるべきことも、決して忘れてはなるまい。

二〇一六年　七月二十一日

幸福《こうふく》の科学《かがく》グループ創始者兼総裁《そうししゃけんそうさい》　大川隆法《おおかわりゅうほう》

『稼げる男の見分け方』大川隆法著作関連書籍

『忍耐の法』(幸福の科学出版刊)
『不況に打ち克つ仕事法』(同右)
『人生の迷いに対処する法』(同右)
『素顔の大川隆法』(同右)
『Think Big!』(同右)

稼げる男の見分け方

――富と成功を引き寄せる10の条件――

2016年 8月5日 初版第1刷

著 者 大《おお》川《かわ》隆《りゅう》法《ほう》

発行所 幸福の科学出版株式会社

〒107-0052 東京都港区赤坂2丁目10番14号

TEL(03)5573-7700

http://www.irhpress.co.jp/

印刷・製本 株式会社 堀内印刷所

落丁・乱丁本はおとりかえいたします

ISBN 978-4-86395-820-3 C0030

写真：［表紙］©Rawpixel.com-Fotolia.com ［本文］EPA ＝時事、AFP ＝時事、時事、スポーツニッポン新聞社／時事通信フォト、時事通信フォト、毎日新聞社／時事通信フォト、Photoshot／時事通信フォト、©digiselector-Fotolia.com

新しい時代を拓く女性のパワー

新時代の「やまとなでしこ」たちへ

父と娘のハッピー対談②

大川隆法・大川咲也加　共著

新時代の理想の女性像に思いを巡らせた父と娘の対談集。女性らしさの大切さや、女性本来の美徳について語られる。

1,200円

「パンダ学」入門

私の生き方・考え方

大川紫央　著

忙しい時でも、まわりを和ませ、癒してくれる――。その「人柄」から「総裁を支える仕事」まで、大川隆法総裁夫人の知られざる素顔を初公開！

1,300円

女性のための「自分」のつくり方

賢く成長する秘訣

大川紫央・雲母　共著

勉強、恋愛・結婚、就職・仕事、人間関係などをテーマにした対談。女性が賢く成長するためのヒントが満載！

1,300円

夫を出世させる「あげまん妻」の10の法則

幸せな結婚を願う人も、家庭を守る主婦も、仕事が忙しいキャリア女性も、パートナーを成功させる「繁栄の女神」になれるヒントが、この一冊に!

1,300円

ハウ・アバウト・ユー?
幸せを呼ぶ愛のかたち

愛を誤解していませんか。他人や環境のせいにしていませんか。恋人、夫婦、親子の関係を好転させる「ほんとうの愛」とは何かが分かりやすく綴られた一書。

1,200円

恋愛学・恋愛失敗学入門

恋愛と勉強は両立できる? なぜダメンズと別れられないのか? 理想の相手と出会うには? 幸せな恋愛・結婚をするためのヒントがここに。

1,500円

※表示価格は本体価格(税別)です。

北条政子の幸福論

嫉妬・愛・女性の帝王学

現代女性にとっての幸せのカタチとは何か。夫・源頼朝を将軍に出世させ、自らも政治を取り仕切った北条政子が、成功を目指す女性の「幸福への道」を語る。

1,500円

卑弥呼の幸福論

信仰・政治・女性の幸福

女性は何を強みとすべきか。仕事、結婚、家庭、自己実現まで、邪馬台国（大和国）の女王・卑弥呼が現代日本に生きる女性に贈る幸福論。

1,500円

豊受大神の女性の幸福論

欧米的な価値観がすべてではない――。伊勢神宮・外宮の祭神であり、五穀豊穣を司る女神が語る、忘れてはいけない「日本女性の美徳」とは。

1,500円

大川隆法ベストセラーズ・繁栄の未来をつかむ

成功の法

真のエリートを目指して

愛なき成功者は真の意味の成功者ではない。個人と組織の普遍の成功法則を示し、現代人への導きとなる、圧倒的な光に満ちた、究極の成功論。

1,800円

繁栄思考

無限の富を引き寄せる法則

豊かになるための「人類共通の法則」を知ったとき、あなたの人生にも、繁栄という奇跡が起きる。日本人に蔓延する「縮み思考」や「貧乏思想」を打ち砕く書。

2,000円

発展思考

無限の富をあなたに

豊かさ、発展、幸福、富、成功など、多くの人が関心を持つテーマに対し、あの世からの視点をも加えて解説した成功論。時代や景気に左右されない発展法則が分かる。

1,800円

※表示価格は本体価格（税別）です。

大川隆法ベストセラーズ・**仕事能力を磨く**

仕事と愛

スーパーエリートの条件

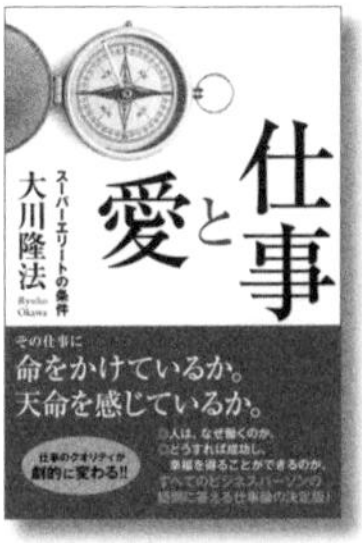

仕事のクオリティが劇的に変わる！　具体的な仕事の方法論が語られ、仕事と愛の関係が説き明かされた、人生のあらゆる問題に応用できる「幸福の科学的仕事論」。

1,800円

不況に打ち克つ仕事法

リストラ予備軍への警告

仕事に対する基本的な精神態度から、ビジネス論・経営論の本質まで。才能を開花させ、時代を勝ち抜くための一書。女性のための経営論も収録。

2,200円

サバイバルする社員の条件

リストラされない幸福の防波堤

能力だけでは生き残れない。資格や学歴だけでは測れない「リストラされにくい性格」をチェック！　不況時代にリストラされないためのサバイバル術が語られる。

1,400円

逆転の経営術

守護霊インタビュー　ジャック・ウェルチ、カルロス・ゴーン、ビル・ゲイツ

豪華装丁
函入り

会社再建の秘訣から、逆境の乗り越え方、
そして無限の富をつくりだす方法まで――。
世界のトップ経営者３人の守護霊が経営術
の神髄を語る。

10,000円

公開霊言

スティーブ・ジョブズ 衝撃の復活

世界を変えたければ、シンプルであれ。そし
てクレイジーであれ。その創造性によって世
界を変えたジョブズによる、霊界からのスペ
シャル・メッセージ。

2,700円

松下幸之助「事業成功の秘訣」を語る

デフレ不況に打ち克つ組織、「ネット社会に
おける経営」の落とし穴など、景気や環境
に左右されない事業成功の法則を「経営の
神様」が伝授!

1,400円

大川隆法霊言シリーズ・「稼げる男」たちが語る成功の秘訣

ウォルト・ディズニー「感動を与える魔法」の秘密

世界の人々から愛される「夢と魔法の国」ディズニーランド。そのイマジネーションとクリエーションの秘密が、創業者自身によって語られる。

1,500 円

渋谷をつくった男
堤清二、死後インタビュー

PARCO、無印良品、LOFT、リブロ、西武百貨店――セゾングループを築いた男が明かす、グループ隆盛の原動力、時代に乗り遅れないための秘訣とは。

1,400 円

AKB48 ヒットの秘密
マーケティングの天才・秋元康に学ぶ

放送作家、作詞家、音楽プロデューサー。30年の長きにわたり、芸能界で成功し続ける秘密はどこにあるのか。前田敦子守護霊の言葉も収録。

1,400 円

正義の法

法シリーズ
第22作

憎しみを超えて、愛を取れ

テロ事件、中東紛争、中国の軍拡――。
どうすれば世界から争いがなくなるのか。
あらゆる価値観の対立を超える
「正義」とは何か。
著者二千冊目となる「法シリーズ」最新刊！

2,000円

第１章　神は沈黙していない――「学問的正義」を超える「真理」とは何か
第２章　宗教と唯物論の相克――人間の魂を設計したのは誰なのか
第３章　正しさからの発展――「正義」の観点から見た「政治と経済」
第４章　正義の原理
――「個人における正義」と「国家間における正義」の考え方
第５章　人類史の大転換――日本が世界のリーダーとなるために必要なこと
第６章　神の正義の樹立――今、世界に必要とされる「至高神」の教え

※表示価格は本体価格（税別）です。

大川隆法ベストセラーズ・**地球レベルでの正しさを求めて**

現代の正義論

憲法、国防、税金、そして沖縄。
――『正義の法』特別講義編

国際政治と経済に今必要な「正義」とは――。北朝鮮の水爆実験、イスラムテロ、沖縄問題、マイナス金利など、時事問題に真正面から答えた一冊。

1,500円

世界を導く日本の正義

20年以上前から北朝鮮の危険性を指摘していた著者が、抑止力としての日本の「核装備」を提言。日本が取るべき国防・経済の国家戦略を明示した一冊。

1,500円

正義と繁栄

幸福実現革命を起こす時

「マイナス金利」や「消費税の先送り」は、安倍政権の失政隠しだった!? 国家社会主義に向かう日本に警鐘を鳴らし、真の繁栄を実現する一書。

1,500円

未来へのイノベーション

新しい日本を創る幸福実現革命

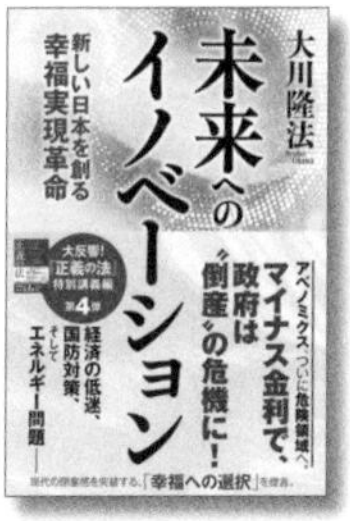

経済の低迷、国防危機、反核平和運動……。「マスコミ全体主義」によって漂流する日本に、正しい価値観の樹立による「幸福への選択」を提言。

1,500円

幸福の科学グループのご案内

宗教、教育、政治、出版などの活動を通じて、地球的ユートピアの実現を目指しています。

幸福の科学

一九八六年に立宗。信仰の対象は、地球系霊団の最高大霊、主エル・カンターレ。世界百カ国以上の国々に信者を持ち、全人類救済という尊い使命のもと、信者は、「愛」と「悟り」と「ユートピア建設」の教えの実践、伝道に励んでいます。

（二〇一六年七月現在）

愛

幸福の科学の「愛」とは、与える愛です。これは、仏教の慈悲《じひ》や布施《ふせ》の精神と同じことです。信者は、仏法真理をお伝えすることを通して、多くの方に幸福な人生を送っていただくための活動に励んでいます。

悟り

「悟り」とは、自らが仏の子であることを知るということです。教学《きょうがく》や精神統一によって心を磨き、智慧《ちえ》を得て悩みを解決すると共に、天使・菩薩《ぼさつ》の境地を目指し、より多くの人を救える力を身につけていきます。

ユートピア建設

私たち人間は、地上に理想世界を建設するという尊い使命を持って生まれてきています。社会の悪を押しとどめ、善を推し進めるために、信者はさまざまな活動に積極的に参加しています。

国内外の世界で貧困や災害、心の病で苦しんでいる人々に対しては、現地メンバーや支援団体と連携して、物心両面にわたり、あらゆる手段で手を差し伸べています。

年間約３万人の自殺者を減らすため、全国各地で街頭キャンペーンを展開しています。

公式サイト **www.withyou-hs.net**

ヘレン・ケラーを理想として活動する、ハンディキャップを持つ方とボランティアの会です。視聴覚障害者、肢体不自由な方々に仏法真理を学んでいただくための、さまざまなサポートをしています。

公式サイト **www.helen-hs.net**

ハッピー・サイエンス・ユニバーシティ

Happy Science University

ハッピー・サイエンス・ユニバーシティとは

ハッピー・サイエンス・ユニバーシティ（ＨＳＵ）は、大川隆法総裁が設立された「現代の松下村塾」であり、「日本発の本格私学」です。
建学の精神として「幸福の探究と新文明の創造」を掲げ、
チャレンジ精神にあふれ、新時代を切り拓く人材の輩出を目指します。

学部のご案内

人間幸福学部

人間学を学び、新時代を切り拓くリーダーとなる

経営成功学部

企業や国家の繁栄を実現する、起業家精神あふれる人材となる

未来産業学部

新文明の源流を創造するチャレンジャーとなる

未来創造学部

2016年4月開設

時代を変え、未来を創る主役となる

政治家やジャーナリスト、ライター、俳優・タレントなどのスター、映画監督・脚本家などのクリエーター人材を育てます。 ※

※キャンパスは東京がメインとなり、2年制の短期特進課程も新設します（4年制の1年次は千葉です）。2017年3月までは、赤坂「ユートピア活動推進館」、2017年4月より東京都江東区（東西線東陽町駅近く）の新校舎「HSU未来創造・東京キャンパス」がキャンパスとなります。

住所 〒299-4325 千葉県長生郡長生村一松丙 4427-1
TEL.0475-32-7770

教育

学校法人 幸福の科学学園

学校法人 幸福の科学学園は、幸福の科学の教育理念のもとにつくられた教育機関です。人間にとって最も大切な宗教教育の導入を通じて精神性を高めながら、ユートピア建設に貢献する人材輩出を目指しています。

幸福の科学学園

中学校・高等学校（那須本校）
2010年4月開校・栃木県那須郡（男女共学・全寮制）
TEL **0287-75-7777**
公式サイト **happy-science.ac.jp**

関西中学校・高等学校（関西校）
2013年4月開校・滋賀県大津市（男女共学・寮及び通学）
TEL **077-573-7774**
公式サイト **kansai.happy-science.ac.jp**

仏法真理塾「サクセスNo.1」 TEL **03-5750-0747**（東京本校）
小・中・高校生が、信仰教育を基礎にしながら、「勉強も『心の修行』」と考えて学んでいます。

不登校児支援スクール「ネバー・マインド」 TEL **03-5750-1741**
心の面からのアプローチを重視して、不登校の子供たちを支援しています。
また、障害児支援の**「ユー・アー・エンゼル！」運動**も行っています。

エンゼルプランV TEL **03-5750-0757**
幼少時からの心の教育を大切にして、信仰をベースにした幼児教育を行っています。

シニア・プラン21 TEL **03-6384-0778**
希望に満ちた生涯現役人生のために、年齢を問わず、多くの方が学んでいます。

NPO 活動支援

学校からのいじめ追放を目指し、さまざまな社会提言をしています。また、各地でのシンポジウムや学校への啓発ポスター掲示等に取り組む一般財団法人「いじめから子供を守ろうネットワーク」を支援しています。

公式サイト **mamoro.org**
相談窓口 **TEL.03-5719-2170**
ブログ **blog.mamoro.org**

政治

幸福実現党

内《ない》憂《ゆう》外《がい》患《かん》の国難に立ち向かうべく、二〇〇九年五月に幸福実現党を立党しました。創立者である大川隆法党総裁の精神的指導のもと、宗教だけでは解決できない問題に取り組み、幸福を具体化するための力になっています。

幸福実現党 釈量子サイト
shaku-ryoko.net

Twitter
釈量子@shakuryoko
で検索

党の機関紙
「幸福実現NEWS」

幸福実現党 党員募集中

あなたも幸福を実現する政治に参画しませんか。

○ 幸福実現党の理念と綱領、政策に賛同する18歳以上の方なら、どなたでも党員になることができます。

○ 党員の期間は、党費(年額 一般党員5千円、学生党員2千円)を入金された日から1年間となります。

党員になると

党員限定の機関紙が送付されます。
(学生党員の方にはメールにてお送りします)
申込書は、下記、幸福実現党公式サイトでダウンロードできます。

住所:〒107-0052
東京都港区赤坂2-10-8 6階
幸福実現党本部

TEL **03-6441-0754**
FAX **03-6441-0764**
公式サイト **hr-party.jp**
若者向け政治サイト **truthyouth.jp**

出版メディア事業

幸福の科学出版

大川隆法総裁の仏法真理の書を中心に、ビジネス、自己啓発、小説など、さまざまなジャンルの書籍・雑誌を出版しています。他にも、映画事業、文学・学術発展のための振興事業、テレビ・ラジオ番組の提供など、幸福の科学文化を広げる事業を行っています。

アー・ユー・ハッピー?
are-you-happy.com

ザ・リバティ
the-liberty.com

幸福の科学出版
TEL 03-5573-7700
公式サイト irhpress.co.jp

THE FACT

ザ・ファクト
マスコミが報道しない
「事実」を世界に伝える
ネット・オピニオン番組

Youtubeにて
随時好評配信中!

ザ・ファクト　検索

NEW STAR PRODUCTION

ニュースター・プロダクション

ニュースター・プロダクション(株)は、新時代の〝美しさ〟を創造する芸能プロダクションです。二〇一六年三月には、ニュースター・プロダクション製作映画「天使に〝アイム・ファイン〟」を公開しました。

公式サイト
newstar-pro.com

入会のご案内

あなたも、幸福の科学に集い、ほんとうの幸福を見つけてみませんか？

幸福の科学では、大川隆法総裁が説く仏法真理をもとに、「どうすれば幸福になれるのか、また、他の人を幸福にできるのか」を学び、実践しています。

入会

大川隆法総裁の教えを信じ、学ぼうとする方なら、どなたでも入会できます。入会された方には、『入会版「正心法語」』が授与されます。（入会の奉納は1,000円目安です）

ネットでも**入会**できます。詳しくは、下記URLへ。
happy-science.jp/joinus

三帰《さんき》誓願《せいがん》

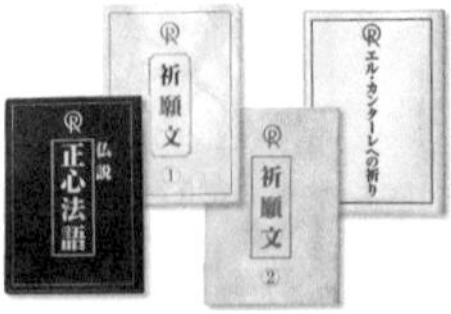

仏弟子としてさらに信仰を深めたい方は、仏・法・僧の三宝への帰依を誓う「三帰誓願式」を受けることができます。三帰誓願者には、『仏説・正心法語』『祈願文①』『祈願文②』『エル・カンターレへの祈り』が授与されます。

植福《しょくふく》の会

植福は、ユートピア建設のために、自分の富を差し出す尊い布施の行為です。布施の機会として、毎月1口1,000円からお申込みいただける、「植福の会」がございます。

ご希望の方には、幸福の科学の小冊子（毎月1回）をお送りいたします。詳しくは、下記の電話番号までお問い合わせください。

月刊「幸福の科学」

ザ・伝道

ヤング・ブッダ

ヘルメス・エンゼルズ

INFORMATION	幸福の科学サービスセンター TEL. 03-5793-1727（受付時間 火～金：10～20時／土・日・祝日：10～18時） 幸福の科学 公式サイト happy-science.jp